Calculo y Medición de Riesgos Corporativos

Aplicaciones de sistemas matemáticos y estadísticos de medición de los riesgos e incertidumbres empresariales

Jorge Monray

Calculo y Medición de Riesgos Corporativos

Jorge Monray

Este libro está dedicado a mi hija Talika.

Impresión y editorial: BoD – Books on Demand
info@bod.com.es – www.bod.com.es
Impreso en Alemania – Printed in Germany

ISBN: 9788411747738

INDICE DE CONTENIDOS

CAPITULO 1

INTRODUCCION DEL AUTOR

1.INTRODUCCION

La primera vez que tuve contacto con algo relacionado con la Gestión de Riesgos corporativos fue en 1997 cuando estudiaba mi M.B.A. en la Escuela de Administración de Empresas de Barcelona y en la Nottingham Trent University. Por entonces, fui conocedor de esta disciplina, fue durante aquellos días una parte inspiradora de ciertos cursos relacionados con las operaciones y las finanzas. Durante los años posteriores he ido adentrándome y aprendiendo a modular riesgos con el método de Monte Carlo (de lo que trata este libro), usando software propietario específico para tal efecto como como puede ser Crystal Ball, @Risk o Argo.

Alla por el 2007 empecé a crear modelos para Pymes, me dedicaba a medir matemática y estadísticamente los riesgos de eventos y los posibles impactos en variables como los beneficios netos empresariales, beneficios por acción, precios, eficiencia y otras variables.

Con el paso de los años he desarrollado esta disciplina tanto en el campo profesional como en el académico, introduciendo ciertos estudios propios de modulación de riesgos también en mi tesis doctoral en la Swiss Business School University of Applied Sciences Instituto de Zurich en los años 2005-2009. Posteriormente y durante los años 2014-2022 también he aplicado este conocimiento en ciertas pequeñas y medianas empresas, principalmente en EEUU (a través de Cámaras de Comercio y asociaciones empresariales). He ayudado a estas empresas a prepararse y gestionar riesgos siendo consultor externo de la firma Corporate Risk Analytics (CRA).

Escribir un libro sobre "Riesgo en la empresa o Riesgo Corporativo" ha sido una tarea muy valiosa y enriquecedora, por lo menos para mí, espero lo sea también para los lectores.

El compartir este conocimiento y esta experiencia y el poder así ayudar a directivos de empresas de todos ha sido enriquecedor ya que puede que esta sea la primera obra que ayude al lector a iniciarse en los métodos de análisis y medición de riesgos corporativos, así como servir de guía a profesionales, estudiantes, directivos y CEO, s.

Este libro también busca contribuir al campo académico y profesional dada su aplicabilidad en cursos de gestión de riesgos, estrategia empresarial, marketing o economía, El libro puede ser utilizado como material de estudio en cursos de administración, finanzas, economía y otras áreas relacionadas, así como por profesionales que buscan mejorar sus prácticas.

El libro también aporta ideas y casos de resiliencia empresarial, empresas que, ante las adversidades y los riesgos, han sido capaces de sobreponerse y fomentar una cultura de riesgo responsable. En la realidad actual la mayoría de empresas no tienen una comprensión completa de la importancia de la gestión de riesgos. Un libro como este puede ayudar a promover esa cultura de conciencia sobre los riesgos, incentivando a las empresas y a los lectores a adoptar mejores prácticas y a estar más preparadas para enfrentar desafíos futuros.

El libro busca aplicar desde un modo eminentemente práctico nuevas tendencias y metodologías, centrándose únicamente en el método de Monte Carlo, aunque no por eso cerrando puerta a otros aspectos clave, como pueden ser la probabilidad condicionada, o las matrices de riesgo entre otras. La gestión de riesgos es un campo en constante evolución. Este libro puede ayudar al lector a explorar nuevas tendencias, tecnologías y metodologías que están cambiando la forma en que las empresas identifican, evalúan y gestionan los riesgos.

Tras trabajar en este libro el lector podrá crear sus propias hojas Excel con modelos de riesgo aplicado, fortaleciendo esto su conocimiento y mejorando su reputación profesional, abriendo puertas a nuevas oportunidades como consultorías o colaboraciones.

Espero que este libro sea inspirador para que el lector en el futuro profundice en el tema, desarrollando nuevas soluciones o simplemente estando más atento a los riesgos y amenazas potenciales en sus propios negocios y empresas. Esto puede ser particularmente gratificante ya que la gestión preventiva de riesgos ayuda a prevenir problemas o a manejar crisis de manera más efectiva.

Para finalizar, hay que decir que es importante leer el libro siguiendo el orden de sus capítulos. Esto se hace más evidente al llegar al capítulo 4 donde se explica en detalle el Método Estadístico y Matemático de Monte Carlo para posteriormente pasar a instalar en Excel para Windows el add-in / aplicación Gratuita Argo.

Software Argo

El programa ARGO de Booz Allen Hamilton es una plataforma avanzada de gestión y análisis de datos diseñada para agencias de defensa e inteligencia. ARGO proporciona capacidades para la gestión de datos a gran escala, permitiendo a los usuarios analizar grandes volúmenes de información de manera eficiente. La plataforma se centra en la fusión de datos, el análisis predictivo y la inteligencia artificial para ayudar a las organizaciones a tomar decisiones informadas en tiempo real.

Algunas características clave de Argo incluyen:

1. Integración de Datos: Argo permite la integración de datos de múltiples fuentes, facilitando una visión unificada y coherente de la información disponible. Esto es crucial para agencias de defensa e inteligencia que deben gestionar y analizar datos de diversas fuentes.

2. Análisis Predictivo: Utiliza algoritmos de aprendizaje automático y técnicas de análisis predictivo para identificar patrones y tendencias en los datos, lo que ayuda a prever eventos y tomar medidas preventivas.

3. Seguridad y Cumplimiento: Dado el enfoque en clientes gubernamentales y de defensa, Argo incluye características avanzadas de seguridad y cumplimiento para proteger la integridad y la confidencialidad de los datos.

4. Escalabilidad y Rendimiento: La plataforma está diseñada para manejar grandes volúmenes de datos y escalar según sea necesario, garantizando un rendimiento óptimo incluso en entornos de datos masivos.

5. Interfaz de Usuario: Argo ofrece herramientas de visualización y análisis intuitivas que facilitan la interpretación de datos complejos, permitiendo a los analistas tomar decisiones rápidas y basadas en datos.

Esta plataforma es un ejemplo de cómo Booz Allen Hamilton utiliza tecnologías avanzadas para ofrecer soluciones innovadoras a sus clientes, especialmente en sectores donde la gestión eficiente de la información es crítica para la seguridad y la operatividad.

En cuanto al capítulo 5 que hace referencia a las Aplicaciones Prácticas, es importante iniciar la lectura en la Aplicación #1. Cálculo de certidumbre estadística y riesgos aplicado a una cuenta de explotación general. Beneficios Netos y Beneficios por acción. En esta sección se explica el funcionamiento de Argo para crear simulaciones y otras analíticas.

Espero de todo corazón que el libro sea de su agrado

Jorge Monray. Bangkok, Julio 2024

CAPITULO 2

EL RIESGO: CONCEPTOS GENERALES

2. **El riesgo y la gestión**

El riesgo, en el contexto de la gestión organizacional y empresarial, se refiere a la posibilidad de que ocurra un evento o situación que pueda afectar negativamente el logro de los objetivos de una organización. El riesgo puede presentarse de diversas formas y puede tener diferentes impactos según la naturaleza y el contexto de la empresa. A continuación, se detallan aspectos clave relacionados con el concepto de riesgo:

Los Tipos de Riesgo

- ✓ Riesgo Operacional: Relacionado con fallos en los procesos internos, sistemas, o factores humanos. Ejemplo: errores en la producción, fallos tecnológicos.
- ✓ Riesgo Financiero: Asociado a las finanzas de la empresa, como fluctuaciones en los tipos de interés, cambios en el valor de las divisas, o problemas de liquidez.
- ✓ Riesgo de Mercado: Vinculado a cambios en el mercado que afectan la demanda y oferta de productos y servicios. Ejemplo: competencia intensa, cambios en las preferencias del consumidor.
- ✓ Riesgo Legal y Regulatorio: Derivado de cambios en leyes y regulaciones, así como el incumplimiento de las mismas. Ejemplo: nuevas normativas ambientales, litigios.
- ✓ Riesgo Reputacional: Impacta la imagen y reputación de la empresa. Ejemplo: escándalos, malas prácticas empresariales.
- ✓ Riesgo Estratégico: Relacionado con decisiones estratégicas que pueden no resultar según lo planificado. Ejemplo: expansión fallida a nuevos mercados.

Los Componentes del Riesgo

Probabilidad

La posibilidad de que el riesgo ocurra. La probabilidad es una medida de la certidumbre de que ocurra un evento. Su valor es un número entre 0 y 1, donde un evento imposible corresponde a cero y uno seguro corresponde a uno. Una forma empírica de estimar la probabilidad consiste en obtener la frecuencia con la que sucede un determinado acontecimiento mediante la repetición de experimentos aleatorios, bajo condiciones suficientemente estables. En algunos experimentos de los que se conocen todos los resultados posibles, las probabilidades de estos sucesos pueden ser calculadas de manera teórica, especialmente cuando todos los resultados son igualmente probables.

La teoría de la probabilidad es la rama de la matemática que estudia los experimentos o fenómenos aleatorios. Se usa extensamente en áreas como la estadística, la física, la economía (ciencia económica), las finanzas, la ciencia de datos, la Investigación médica, en mediano grado en algunas de las demás ciencias sociales y en menor grado en la filosofía para conocer la viabilidad de sucesos y la mecánica subyacente de sistemas complejos.

Impacto

La magnitud de las consecuencias si el riesgo se materializa. El "nivel de impacto en el riesgo" se refiere a la magnitud del efecto que un evento o circunstancia específica puede tener sobre los objetivos, operaciones, o situación financiera de una organización o entidad. En el contexto económico, especialmente al considerar factores como el Producto Interno Bruto (PIB) de un país, el nivel de impacto en el riesgo puede influir significativamente en decisiones de inversión, políticas públicas y planificación estratégica.

Factores que influyen en el nivel de impacto en el riesgo

En un contexto Económico Global:

-

✓ **Recesiones Globales:** Las recesiones, como la crisis financiera de 2008 o la pandemia de COVID-19, pueden tener un impacto significativo en el riesgo económico global, afectando el comercio internacional, la inversión y la confianza del consumidor.

✓ **Políticas Comerciales y Tarifarias**: Cambios en políticas comerciales, como guerras comerciales o nuevas regulaciones, pueden aumentar el riesgo para sectores específicos o la economía en general.

En un contexto de Factores Internos del País:

✓ **Estabilidad Política:** Cambios políticos, elecciones y políticas gubernamentales pueden alterar el nivel de riesgo. Por ejemplo, políticas fiscales y monetarias pueden influir en la inflación, el desempleo y el crecimiento económico.

✓ **Estructura Económica**: La diversificación de la economía, la dependencia de sectores específicos (como petróleo o tecnología), y la salud del sistema financiero interno también juegan un papel crucial.

✓ **Eventos Específicos:** Desastres Naturales: Terremotos, huracanes y otros desastres naturales pueden afectar gravemente la infraestructura y la economía de un país, aumentando el riesgo.

✓ **Crisis Sanitarias:** Epidemias o pandemias pueden tener un impacto económico profundo, como se observó durante la pandemia de COVID-19.

✓ **Factores Sociales y Tecnológicos**: Cambios Demográficos: Envejecimiento de la población, cambios en la tasa de natalidad, o migración pueden afectar la mano de obra y la demanda interna.

✓ **Innovación Tecnológica:** Avances en tecnología pueden cambiar rápidamente el panorama económico, creando oportunidades, pero también riesgos, como la disrupción de industrias establecidas.

-

Evaluación del Nivel de Impacto

Para evaluar el nivel de impacto en el riesgo, se suelen considerar varios aspectos:

- ✓ Probabilidad de ocurrencia: ¿Qué tan probable es que ocurra el evento o circunstancia?
- ✓ Severidad del impacto: ¿Qué tan grave sería el impacto si ocurriera?
- ✓ Vulnerabilidad: ¿Qué tan preparada está la organización o el país para enfrentar el evento?
- ✓ Capacidad de respuesta y recuperación: ¿Qué tan rápido y eficazmente se puede responder y recuperarse?

El análisis de riesgo es una herramienta clave para la planificación y la toma de decisiones en políticas económicas, inversión y gestión empresarial. La comprensión y gestión del nivel de impacto en el riesgo ayuda a mitigar posibles efectos negativos y a aprovechar oportunidades emergentes.

Hemos de entender la vulnerabilidad como la susceptibilidad de la organización a ser afectada por el riesgo, mientras que la resiliencia es la capacidad de la organización para recuperarse de los impactos negativos del riesgo.

La resiliencia empresarial también tiene que ser medida en un a análisis de riesgos. Esta se refiere a la capacidad de una organización para adaptarse, recuperarse y prosperar frente a adversidades, cambios y desafíos inesperados. Es una cualidad esencial en un entorno de negocios en constante cambio, donde las empresas pueden enfrentarse a crisis económicas, cambios tecnológicos, desastres naturales, pandemias, entre otros.

Componentes Clave de la Resiliencia Empresarial

Hay que tener en cuenta que la resiliencia empresarial no se crea de la noche a la mañana, así pues hay que seguir una serie de pasos a la hora de crear una estructura empresarial resiliente. Los pasos a seguir deben ser:

1. Preparación y Planeación:
   - ✓ Evaluación de Riesgos: Identificar y evaluar los riesgos potenciales que pueden afectar a la empresa, desde desastres naturales hasta ciberataques.
   - ✓ Plan de Continuidad del Negocio: Desarrollar y mantener un plan para asegurar que las operaciones críticas puedan continuar o ser restauradas rápidamente tras una interrupción.

2. Flexibilidad y Adaptabilidad:
   - ✓ Innovación y Adaptación: La capacidad de adaptarse a nuevas circunstancias, incluidas las tecnologías emergentes y cambios en el mercado.
   - ✓ Diversificación: No depender excesivamente de un solo producto, mercado o proveedor. Diversificar la oferta y las cadenas de suministro puede reducir riesgos.

3. Gestión Eficiente de los Recursos:
   - ✓ Finanzas Sólidas: Mantener una buena gestión financiera, incluyendo reservas de efectivo y acceso a líneas de crédito para enfrentar situaciones de emergencia.
   - ✓ Gestión de Talento: Asegurar que el personal esté capacitado y sea capaz de adaptarse a nuevos roles y responsabilidades cuando sea necesario.

4. Cultura Organizacional:
   - ✓ Liderazgo Resiliente: Líderes que pueden tomar decisiones rápidas y efectivas en tiempos de crisis, y que fomentan una cultura de resiliencia dentro de la organización.
   - ✓ Compromiso y Comunicación: Comunicación clara y efectiva dentro de la organización, y un alto nivel de compromiso de los empleados con la misión y los valores de la empresa.

5. Redes y Colaboraciones:
   - ✓ Relaciones con Proveedores y Clientes: Mantener relaciones sólidas y de confianza con proveedores y clientes, lo que puede ser crucial durante tiempos de crisis.
   - ✓ Alianzas Estratégicas: Colaborar con otras empresas, organizaciones y gobiernos para compartir recursos e información en momentos de necesidad.

Algunos ejemplos genéricos de resiliencia empresarial

<u>Adaptación Tecnológica</u>: Empresas que rápidamente adoptan nuevas tecnologías, como el comercio electrónico, cuando las ventas tradicionales se ven afectadas.
<u>Reestructuración Operativa:</u> Negocios que reestructuran sus operaciones para reducir costos y mejorar la eficiencia en tiempos de recesión económica.
<u>Innovación de Productos:</u> Desarrollar nuevos productos o servicios que respondan a cambios en la demanda del mercado, como lo hicieron muchas empresas durante la pandemia de COVID-19 al producir equipos médicos o productos de higiene.

Ejemplos reales de empresas resilientes

Las empresas resilientes son aquellas que han demostrado una notable capacidad para adaptarse, innovar y recuperarse frente a crisis o cambios significativos en su entorno. A continuación, se presentan algunos ejemplos de empresas que han mostrado resiliencia:

<u>Apple Inc.</u>

El desafío fue que a finales de los años 90, Apple enfrentaba serios problemas financieros y una disminución de su participación en el mercado. Apple demostró su resiliencia con el regreso de Steve Jobs en 1997. Apple se reinventó, innovando con productos como el iMac, iPod, iPhone y iPad. Estas innovaciones no solo revitalizaron la empresa, sino que también redefinieron sus mercados respectivos.

<u>Netflix</u>

El desafío fue que originalmente existía un servicio de alquiler de DVDs por correo, Netflix enfrentó desafíos con la llegada del streaming y la competencia de grandes estudios y plataformas tecnológicas. La resiliencia de Netflix hizo que la empresa se adaptase rápidamente al cambiar su modelo de negocio hacia el streaming digital, invirtiendo en contenido original y utilizando datos para personalizar la experiencia del usuario. Esto le permitió convertirse en un líder en la industria del entretenimiento.

Microsoft

Existió un desafío cuando Microsoft enfrentó una dura competencia y desafíos regulatorios a principios de los 2000, además de un cambio de paradigma hacia el software basado en la nube. Microsoft demostró su resiliencia bajo el liderazgo de Satya Nadella. Microsoft se reinventó enfocándose en la nube con productos como Azure, y transformando su modelo de negocio con un énfasis en servicios y suscripciones. Esta transformación ha sido clave para su éxito continuado.

Toyota

El gran desafío fue que en 2011, Toyota se enfrentó a un doble golpe: un terremoto y tsunami en Japón que interrumpió sus cadenas de suministro, y una serie de retiradas de productos que afectaron su reputación. La alta resiliencia con la que la empresa contaba hizo que Toyota reforzara su enfoque en la gestión de riesgos y la calidad, diversificando sus cadenas de suministro, y aumentando su inversión en tecnologías de vehículos híbridos y eléctricos, manteniendo su posición como líder en la industria automotriz.

IBM

Con la disminución de la demanda de hardware y servicios tradicionales, IBM enfrentó una necesidad urgente de transformarse. La resiliencia de IBM hizo que la empresa pivotara hacia servicios de tecnología y consultoría, especialmente en áreas de alta tecnología como la inteligencia artificial, la computación en la nube y la seguridad cibernética. La adquisición de Red Hat fue una estrategia clave en esta transformación hacia el software y los servicios de código abierto.

Procter & Gamble (P&G)

P&G ha enfrentado desafíos y cambios en el comportamiento del consumidor y la presión competitiva de marcas privadas y nuevas empresas. Mientras esto ha ocurrido la empresa ha respondido mediante la innovación constante, la optimización de su portafolio de productos y un enfoque renovado en marcas clave y mercados emergentes. P&G también ha invertido significativamente en digitalización y análisis de datos para mejorar la eficiencia y la segmentación de mercado, demostrando altos niveles de resiliencia.

Starbucks

Durante la crisis financiera de 2008, Starbucks experimentó una caída en las ventas y cerró numerosas tiendas, pero bajo el liderazgo de Howard Schultz, Starbucks se centró en la experiencia del cliente, la calidad de los productos y la expansión en mercados internacionales. Además, la empresa ha adoptado prácticas sostenibles y tecnologías digitales, como el sistema de pedidos móviles.

Estos ejemplos ilustran cómo las empresas pueden enfrentar y superar desafíos significativos mediante la adaptación, la innovación y una gestión estratégica. La resiliencia empresarial es clave para la sostenibilidad y el éxito a largo plazo en un entorno de negocios en constante cambio.

La importancia de la Resiliencia Empresarial

La resiliencia empresarial no solo permite a una empresa sobrevivir en tiempos de crisis, sino que también le brinda una ventaja competitiva a largo plazo. Las empresas resilientes tienden a ser más innovadoras, a mantener la lealtad de los clientes y a atraer y retener talento, lo que a su vez impulsa un crecimiento sostenido.

En resumen, la resiliencia empresarial es una combinación de preparación, flexibilidad, gestión eficaz de recursos, una cultura organizacional sólida, y redes de apoyo, que juntas permiten a una empresa navegar exitosamente a través de desafíos y cambios.

La gestión del riesgo implica un proceso sistemático para manejar los riesgos a los que se enfrenta una organización:

- ✓ Identificación de Riesgos: Determinar qué riesgos existen y cuáles pueden afectar a la organización.
- ✓ Evaluación y Análisis de Riesgos: Analizar la probabilidad y el impacto de los riesgos identificados.
- ✓ Priorización de Riesgos: Clasificar los riesgos según su relevancia y urgencia.

- ✓ Desarrollo de Estrategias de Respuesta: Definir cómo se responderá a los riesgos (evitar, mitigar, transferir, aceptar).
- ✓ Implementación de las Estrategias: Poner en práctica las respuestas planificadas para gestionar los riesgos.
- ✓ Monitoreo y Revisión: Seguir y revisar continuamente el entorno de riesgo y la eficacia de las estrategias de respuesta.

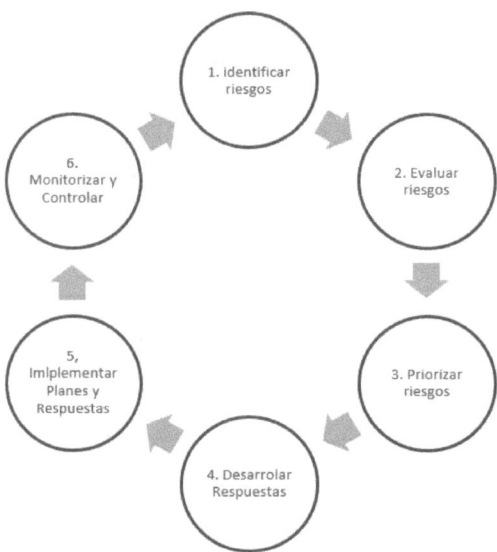

Figura 1. Proceso sistemático de gestión de riesgos

Herramientas y Técnicas de Gestión de Riesgos

Análisis FODA (Fortalezas, Oportunidades, Debilidades, Amenazas): Ayuda a identificar y analizar factores internos y externos.

El análisis FODA (Fortalezas, Oportunidades, Debilidades, Amenazas), también conocido como análisis DAFO, es una herramienta de estudio de la situación de una empresa, institución, proyecto o persona, analizando sus características internas (Debilidades y Fortalezas) y su situación externa (Amenazas y Oportunidades) en una matriz cuadrada. Proviene de las siglas en inglés SWOT (Strengths, Weaknesses, Opportunities y Threats).[1] Es una herramienta para conocer la situación real en que se encuentra una organización, empresa o proyecto, y planear una estrategia a futuro.

El objetivo del análisis FODA es determinar las ventajas competitivas de la empresa bajo análisis y la estrategia genérica que más le convenga, en función de sus características propias y de las del mercado en que se mueve. Además, permite realizar un diagnóstico de los factores del microentorno de la organización, lo que permite desarrollar estrategias que afronten amenazas y trabajen con las debilidades por medio del uso de las fortalezas y aprovechamiento de oportunidades. En resumen, sus objetivos específicos son:

- ✓ Servir como base de un plan estratégico.
- ✓ Analizar completamente el panorama actual del mercado.
- ✓ Apoyar en la toma de decisiones estratégicas.

MATRIZ DAFO / FODA

FORTALEZAS

Características y habilidades internas

- Factores internos favorables
- Habilidades y características únicas de la empresa
- ¿Qué me hace destacar?

OPORTUNIDADES

Características y habilidades externas

- Factores internos favorables
- Dificultades del entorno de la empresa
- ¿Qué nos diferencia como empresa de la competencia?

F O D A

- Factores internos desfavorables
- Carencias y limitaciones internas
- ¿Qué podemos mejorar?

- Factores externos desfavorables
- Obstáculos y dificultades del entorno de la empresa
- Análisis de la competencia

Dificultades y limitaciones internas

DEBILIDADES

Dificultades y limitaciones externas

AMENAZAS

mba-asturias.com

Figura 2. Matriz DAFO (Cámara de Oviedo, 2017).

Matriz de Riesgos

Herramienta visual para evaluar y priorizar riesgos basados en su probabilidad e impacto.

Una matriz de riesgos es una herramienta utilizada para identificar, evaluar y priorizar riesgos dentro de un proyecto, proceso o empresa. La matriz permite visualizar los riesgos en función de dos criterios clave: la probabilidad de ocurrencia y el impacto potencial. Esta visualización facilita la toma de decisiones sobre cómo gestionar o mitigar estos riesgos.

Componentes de una Matriz de Riesgos

Probabilidad de Ocurrencia: Esta dimensión evalúa la posibilidad de que un riesgo ocurra. Se puede categorizar en niveles como: Muy baja, Baja, Media, Alta y Muy alta Impacto Potencial: Esta dimensión mide el efecto que tendría el riesgo si llegara a materializarse. Los niveles típicos incluyen: Insignificante, Menor, Moderado, Mayor, Catastrófico

Estructura de la Matriz de Riesgos

La matriz se organiza generalmente en una cuadrícula, donde un eje representa la probabilidad y el otro el impacto. Cada riesgo identificado se posiciona en la cuadrícula de acuerdo con su probabilidad e impacto, lo que ayuda a priorizar la gestión de riesgos. Los cuadrantes de la matriz suelen tener colores que indican el nivel de riesgo:

- ✓ Rojo: Alto riesgo (alta probabilidad y alto impacto).
- ✓ Amarillo: Riesgo medio (combinaciones moderadas de probabilidad e impacto).
- ✓ Verde: Bajo riesgo (baja probabilidad y bajo impacto).

Ejemplo de Matriz de Riesgos

Supongamos una empresa que enfrenta varios riesgos en un proyecto de desarrollo de software. La matriz de riesgos podría verse así:

	Impacto Insignificante	Impacto Menor	Impacto Moderado	Impacto Mayor	Impacto Catastrófico
Probabilidad Muy Alta	Bajo riesgo	Riesgo medio	Riesgo alto	Riesgo alto	Riesgo crítico
Probabilidad Alta	Bajo riesgo	Riesgo medio	Riesgo medio	Riesgo alto	Riesgo crítico
Probabilidad Media	Bajo riesgo	Bajo riesgo	Riesgo medio	Riesgo medio	Riesgo alto
Probabilidad Baja	Bajo riesgo	Bajo riesgo	Bajo riesgo	Riesgo medio	Riesgo medio
Probabilidad Muy Baja	Bajo riesgo	Bajo riesgo	Bajo riesgo	Bajo riesgo	Riesgo medio

Tabla 1-3. Ejemplo de Matriz de Riesgos

Uso de la Matriz de Riesgos

- ✓ Identificación de Riesgos Críticos: Los riesgos en los cuadrantes rojos deben ser priorizados para acciones de mitigación debido a su alto impacto y alta probabilidad.
- ✓ Planificación de Mitigación: Riesgos con alta probabilidad o alto impacto, aunque no sean críticos, aún pueden requerir planes de contingencia o estrategias de mitigación.
- ✓ Asignación de Recursos: La matriz ayuda a decidir dónde asignar recursos, como fondos o personal, para manejar los riesgos más importantes.
- ✓ Monitoreo y Revisión: La matriz de riesgos no es estática; debe actualizarse regularmente para reflejar nuevos riesgos o cambios en la probabilidad o impacto de los riesgos existentes.

La matriz de riesgos es una herramienta clave en la gestión de riesgos, permitiendo a las organizaciones tomar decisiones informadas sobre cómo protegerse contra posibles adversidades y asegurar la continuidad y el éxito de sus operaciones.

Modelos de Simulación

Utilizan datos históricos y escenarios hipotéticos para prever posibles resultados y evaluar riesgos.

Los modelos de simulación son herramientas que permiten representar y analizar el comportamiento de sistemas complejos en diversos campos, como la economía, la ingeniería, la medicina, y más. Estos modelos utilizan algoritmos matemáticos y computacionales para imitar las operaciones y los procesos de un sistema real, permitiendo a los usuarios realizar experimentos virtuales sin afectar el mundo real. A continuación, se presentan algunos tipos comunes de modelos de simulación y ejemplos de su aplicación:

Simulación de Eventos Discretos (DES)

  Este tipo de simulación se utiliza para modelar sistemas donde los cambios ocurren en puntos específicos en el tiempo. Se enfoca en eventos discretos que ocurren de manera secuencial. Ejemplos de Uso: pueden ser aplicados a la gestión de la Cadena de Suministro simulando el flujo de productos y materiales a través de una cadena de suministro para optimizar la logística.
También se puede aplicar el método DES a Operaciones Hospitalarias modelando el flujo de pacientes en un hospital para mejorar la programación y utilización de recursos.

Simulación Basada en Agentes (ABS)

Este modelo simula las acciones e interacciones de agentes individuales (que pueden representar personas, organizaciones, vehículos, etc.) dentro de un entorno, para evaluar sus efectos en el sistema en su conjunto. Sus ejemplos de Uso se aplican a la Economía, por ejemplo modelando el comportamiento de consumidores y empresas en un mercado para estudiar la dinámica de precios y competencia.

También existen aplicaciones en la Epidemiología donde se simula la propagación de enfermedades infecciosas para entender el impacto de medidas de control como el distanciamiento social o la vacunación.

Simulación Continua (SC)

La SC utiliza ecuaciones diferenciales para representar cambios continuos en el estado del sistema a lo largo del tiempo. Es común en sistemas físicos y naturales y sus ejemplos de uso se aplican a la climatología modelando el clima y los patrones meteorológicos para predecir el cambio climático. También se dan aplicaciones en la ingeniería simulando el comportamiento de sistemas mecánicos, eléctricos o químicos en tiempo real.

Simulación de Monte Carlo (en la que este libro se centra)

El Método de Monte Carlo utiliza la generación de números aleatorios y técnicas estadísticas para modelar y analizar sistemas que involucran incertidumbre y variabilidad. Es útil para evaluar el impacto del riesgo. Sus ejemplos de Uso son eminentemente las finanzas ya que permite evaluar el riesgo y la incertidumbre en inversiones y carteras financieras. Otras posibles aplicaciones se dan en la gestión de la manufactura y la producción analizando la variabilidad en los procesos y su impacto en la calidad del producto final.

Modelado Dinámico de Sistemas (SD)

En su descripción vemos que este enfoque se centra en la comprensión de cómo las variables dentro de un sistema interactúan entre sí y cambian con el tiempo. Usa diagramas de bucles de retroalimentación y ecuaciones diferenciales. Algunas posibles aplicaciones son las Políticas Públicas ya que este método permite evaluar las consecuencias a largo plazo de políticas gubernamentales en áreas como la salud pública o la educación. Una segunda aplicación esta en la gestión de los recursos naturales al poder modelar el uso y la sostenibilidad de recursos como el agua o la energía.

Simulación de Red

La SR es utilizada para modelar y analizar la estructura y el comportamiento de redes complejas, como redes de comunicación, redes de transporte, o redes sociales. Algunos ejemplos de uso son las   Telecomunicaciones. La SR permite optimizar el flujo de datos en una red de comunicación para mejorar el rendimiento y la confiabilidad. Otra área de aplicaciones son los transportes urbanos ya que la SR permite simular el flujo de tráfico para optimizar la planificación urbana y la gestión del tráfico.

Aplicaciones de los Modelos de Simulación

Los modelos de simulación se utilizan ampliamente en múltiples industrias y campos de estudio para:
- ✓ Predecir y analizar el comportamiento futuro de sistemas complejos.
- ✓ Evaluar el impacto de diferentes decisiones o políticas antes de su implementación.
- ✓ Optimizar procesos y operaciones.
- ✓ Capacitar y formar a personas en entornos virtuales.

La simulación permite explorar escenarios "qué pasaría si" de manera segura y económica, proporcionando valiosos conocimientos para la toma de decisiones informadas.

Mapas de Calor: Representan gráficamente la distribución de riesgos según su probabilidad e impacto.

Análisis Causa-Raíz: Identificación de las causas fundamentales de un riesgo.

El Análisis de Causa-Raíz (Root Cause Analysis, RCA) es una metodología utilizada para identificar las causas fundamentales de un problema, incidente o riesgo. El objetivo del RCA es descubrir las razones subyacentes que contribuyeron a la ocurrencia del problema, en lugar de simplemente abordar sus síntomas superficiales. Al comprender estas causas fundamentales, las organizaciones pueden implementar soluciones efectivas para prevenir la recurrencia del problema.

Pasos en el Análisis de Causa-Raíz

1. Definición del Problema: Comienza con una descripción clara y específica del problema o riesgo. Esto puede incluir detalles sobre qué sucedió, cuándo, dónde, y quiénes estuvieron involucrados.
2. Recopilación de Datos: Reunir toda la información relevante, como informes de incidentes, registros de mantenimiento, entrevistas con el personal involucrado, datos de sensores, etc. Es crucial tener una comprensión completa del contexto del problema.
3. Identificación de Causas Potenciales: Se utilizan diversas herramientas para identificar posibles causas del problema. Algunas herramientas comunes incluyen:
    a. Los 5 Porqués (5 Why's): Consiste en preguntar "¿por qué?" repetidamente (generalmente cinco veces) hasta llegar a la causa fundamental.
    b. Diagrama de Ishikawa (Diagrama de Espina de Pescado): Este diagrama categoriza las posibles causas en varias áreas como personal, maquinaria, métodos, materiales, entorno y medición.
    c. Análisis de Causa y Efecto: Similar al diagrama de Ishikawa, pero con un enfoque más detallado en las relaciones entre causas y efectos.
4. Identificación de la Causa-Raíz: Una vez identificadas las posibles causas, se evalúan para determinar cuál o cuáles son las causas fundamentales que, si

se corrigen, evitarán la recurrencia del problema. Esto puede requerir análisis adicionales o una mayor recopilación de datos.

5. Desarrollo de Soluciones: Proponer soluciones o acciones correctivas que aborden las causas fundamentales identificadas. Estas soluciones deben ser viables, efectivas y sostenibles a largo plazo.

6. Implementación de Acciones Correctivas: Poner en práctica las soluciones identificadas, asegurándose de que se comuniquen claramente a todas las partes interesadas y de que se asignen los recursos necesarios.

7. Evaluación de Efectividad: Monitorear y evaluar la efectividad de las acciones correctivas implementadas. Esto puede incluir la revisión de métricas, auditorías y otros métodos de seguimiento para asegurar que el problema no se repita.

8. Documentación y Comunicación: Documentar el proceso del RCA, incluyendo las causas identificadas, las soluciones implementadas y los resultados de las acciones correctivas. La comunicación de estos hallazgos es importante para el aprendizaje organizacional y la mejora continua.

Veamos un ejemplo de Análisis de Causa-Raíz en una Falla de Equipamiento

Problema: Una máquina de producción se detuvo inesperadamente, causando una interrupción en la línea de producción.

1. Definición del Problema: La máquina X dejó de funcionar el 24 de julio a las 10:30 am, deteniendo la producción durante dos horas.

2. Recopilación de Datos: Se revisan los registros de mantenimiento, los reportes de incidentes anteriores, y se entrevista al operador de la máquina.

3. Identificación de Causas Potenciales: Falta de mantenimiento regular, Error del operador

4. Fallo en el suministro eléctrico, Desgaste de componentes clave.

5. Identificación de la Causa-Raíz: tras usar el método de los 5 Porqués, se descubre que el mantenimiento de rutina no se realizó debido a la falta de comunicación sobre los intervalos de mantenimiento programados.

6. Desarrollo de Soluciones: Establecer un sistema automatizado de recordatorios de mantenimiento y capacitar al personal sobre la importancia del mantenimiento regular.
7. Implementación de Acciones Correctivas: de decide implementar el sistema de recordatorios y realizar sesiones de capacitación.
8. Evaluación de Efectividad: se monitorea la frecuencia de interrupciones de la máquina y la adherencia al programa de mantenimiento.
9. Documentación y Comunicación: se crea un informe detallado del RCA y compartirlo con el equipo de operaciones y mantenimiento.

El Análisis de Causa-Raíz es esencial para resolver problemas de manera efectiva y prevenir futuros incidentes, permitiendo a las organizaciones mejorar continuamente sus procesos y sistemas.

Beneficios de la Gestión del Riesgo

✓ Prevención de Pérdidas: Identificación temprana y mitigación de riesgos potenciales.
✓ Toma de Decisiones Informadas: Mejora en la toma de decisiones estratégicas con un enfoque basado en riesgos.
✓ Cumplimiento Normativo: Asegura el cumplimiento de leyes y regulaciones aplicables.
✓ Protección de la Reputación: Mantiene la confianza de los stakeholders y protege la imagen corporativa.
✓ Mejora de la Resiliencia Organizacional: Fortalece la capacidad de la organización para enfrentar y recuperarse de eventos adversos.

En resumen, comprender y gestionar el riesgo es esencial para la estabilidad y el crecimiento sostenible de cualquier organización. Una gestión efectiva del riesgo permite a las empresas no solo protegerse contra posibles amenazas, sino también aprovechar oportunidades con una base de conocimiento sólida.

CAPITULO 3
EL RIESGO CORPORATIVO

3. EL RIESGO CORPORATIVO

La gestión del riesgo corporativo, o Enterprise Risk Management (ERM), es un enfoque integral y sistemático para identificar, evaluar, gestionar y monitorear los riesgos que podrían afectar el logro de los objetivos de una organización. Este enfoque permite a las organizaciones manejar la incertidumbre y maximizar las oportunidades, manteniendo a la vez una operación segura y eficiente. Aquí te detallo los aspectos clave de la gestión del riesgo corporativo:

Identificación de Riesgos Corporativos
- ✓ Análisis Interno: Evaluación de los procesos internos, tecnologías y estructuras organizativas.
- ✓ Análisis Externo: Consideración de factores externos como cambios económicos, regulatorios, sociales y tecnológicos.

Evaluación de Riesgos Corporativos
- ✓ Probabilidad e Impacto: Evaluación de la probabilidad de ocurrencia y el impacto potencial de cada riesgo.
- ✓ Matriz de Riesgos: Uso de matrices para priorizar riesgos basados en su probabilidad e impacto.

Respuesta a los Riesgos Corporativos
- ✓ Evitación: Tomar medidas para evitar que ocurra el riesgo.
- ✓ Mitigación: Reducir la probabilidad o el impacto del riesgo.
- ✓ Transferencia: Transferir el riesgo a otra parte, como a través de seguros.
- ✓ Aceptación: Aceptar el riesgo y prepararse para gestionarlo si ocurre.

Monitoreo Corporativo y Revisión
- ✓ Indicadores de Riesgo: Uso de indicadores clave de riesgo (KRI) para monitorear los riesgos continuamente.

✓ Revisiones Periódicas: Evaluaciones regulares y actualizaciones del perfil de riesgo de la organización.

Comunicación y Reporte

✓ Informes Regulares: Comunicación continua con la alta dirección y el consejo de administración sobre el estado de los riesgos.

✓ Cultura de Riesgo: Promoción de una cultura organizativa que valore la identificación y gestión de riesgos.

Integración con la Estrategia Organizacional

✓ Alineación Estratégica: Asegurar que la gestión de riesgos esté alineada con los objetivos estratégicos de la organización.

✓ Decisiones Informadas: Uso de la gestión de riesgos para tomar decisiones estratégicas bien informadas.

Beneficios de la Gestión del Riesgo Corporativo

✓ Reducción de Pérdidas: Minimiza las pérdidas financieras y operacionales.

✓ Mayor Confianza de los Inversores: Proporciona confianza a los inversores y partes interesadas en la capacidad de la empresa para manejar incertidumbres.

✓ Cumplimiento Normativo: Asegura que la organización cumpla con las regulaciones y estándares aplicables.

✓ Optimización de Recursos: Ayuda a priorizar y asignar recursos de manera efectiva.

Desafíos de la Gestión del Riesgo Corporativo

✓ Complejidad: La identificación y gestión de riesgos pueden ser complejas debido a la interconexión de diferentes tipos de riesgos.

✓ Cambio Constante: La naturaleza de los riesgos puede cambiar rápidamente, lo que requiere una gestión dinámica y adaptable.

✓ Resistencia al Cambio: Puede haber resistencia dentro de la organización para adoptar nuevas prácticas de gestión de riesgos.

En resumen, la gestión del riesgo corporativo es esencial para la sostenibilidad y el éxito a largo plazo de cualquier organización. Implementar un ERM efectivo permite a las empresas no solo protegerse contra posibles amenazas, sino también aprovechar oportunidades de manera más estratégica y segura.

Probabilidad condicionada y riesgos múltiples

Probabilidad condicionada. Espacio de probabilidad condicionado La probabilidad condicionada es uno de los conceptos clave en Teoría de la Probabilidad. En el tema anterior se ha introducido el concepto de probabilidad considerando que la ´única información sobre el experimento era el espacio muestral. Sin embargo, hay situaciones en las que se incorpora información suplementaria como puede ser que ha ocurrido otro suceso, con lo que puede variar el espacio de resultados posibles y consecuentemente, sus probabilidades. En este contexto aparece el concepto de probabilidad condicionada. El objetivo es analizar como afecta el conocimiento de la realización de un determinado suceso a la probabilidad de que ocurra cualquier otro. La probabilidad condicionada tiene una clara interpretación en espacios muestrales finitos en los que puede aplicarse la regla de Laplace.

Definición: Sea (Ω, A, P) un espacio probabilístico arbitrario y A un suceso $(A \in A)$ tal que $P(A) > 0$. Para cualquier otro suceso $B \in A$, se define la probabilidad condicionada de B dado A o probabilidad de B condicionada a A como:

$$P(B/A) = P(B \cap A) / P(A)$$

Observemos que la condición $P(A) > 0$ es necesaria para que la definición tenga sentido. Por otra parte, la idea intuitiva de probabilidad condicionada hace lógica esta restricción ya que si $P(A) = 0$, A es un suceso imposible y no tiene sentido condicionar a ´el. Notemos que, sabiendo que $A \in A$ ha ocurrido, tenemos una nueva evaluación de la probabilidad de cada suceso $(P(B) \longrightarrow P(B/A))$, o sea, tenemos una nueva función de conjunto sobre (Ω, A). Probamos a continuación que, efectivamente, esta función es una medida de probabilidad sobre (Ω, A)

Basura dentro basura fuera. La importancia de la interpretación cualitativa.

Garbage in, garbage out" (GIGO) es un principio ampliamente reconocido en el ámbito de la informática, la ciencia de datos, la estadística y otros campos relacionados. Este principio establece que la calidad de la salida (output) de un sistema depende directamente de la calidad de la entrada (input) que recibe. En otras palabras, si se introducen datos incorrectos, inexactos o de mala calidad en un sistema, el resultado que se obtiene será igualmente defectuoso o poco fiable.

Concepto y Aplicación de GIGO

Informática y Programación:
- ✓ En el contexto de la programación y la informática, "garbage in, garbage out" significa que si el código de un programa recibe datos de entrada erróneos o corruptos, producirá resultados incorrectos.
- ✓ Ejemplo: Un programa que calcula estadísticas sobre ventas producirá resultados incorrectos si los datos de ventas ingresados son incorrectos o incompletos.

Ciencia de Datos y Machine Learning:
- ✓ En el ámbito de la ciencia de datos, los algoritmos de machine learning y análisis de datos son altamente dependientes de la calidad de los datos de entrenamiento y entrada.
- ✓ Ejemplo: Un modelo de predicción de precios de viviendas basado en datos de propiedades producirá predicciones inexactas si los datos de entrada contienen errores, valores atípicos no tratados o datos faltantes.

Estadística:
- ✓ En el análisis estadístico, la interpretación y las conclusiones que se obtienen son tan buenas como los datos utilizados.
- ✓ Ejemplo: Un análisis de encuesta sobre hábitos de consumo dará resultados sesgados si la muestra de la encuesta no es representativa de la población objetivo.

Negocios y Toma de Decisiones:
- ✓ En el contexto empresarial, las decisiones basadas en datos dependerán de la calidad de los datos disponibles.
- ✓ Ejemplo: Una estrategia de marketing basada en datos incorrectos de comportamiento del cliente puede llevar a decisiones de negocio erróneas y pérdidas financieras.
- ✓

El fenómeno GIGO viene dado por la importancia de la Calidad de los Datos. Los siguientes puntos son claves para evitar problemas asociados a los datos y su calidad: Precisión y Exactitud de los datos entrados en los modelos:

- ✓ La precisión se refiere a lo cerca que un valor medido está del valor verdadero. La exactitud se refiere a la consistencia de los resultados.
- ✓ Importancia: Datos precisos y exactos son esenciales para obtener resultados fiables y reproducibles.

Integridad de los Datos:

- ✓ La integridad de los datos implica que los datos están completos, sin errores, y no han sido alterados.
- ✓ Importancia: La falta de integridad puede llevar a conclusiones erróneas y decisiones mal fundamentadas.

Validez y Relevancia:

- ✓ La validez de los datos se refiere a que los datos realmente midan lo que se pretende medir. La relevancia se refiere a que los datos sean útiles y pertinentes para el análisis en cuestión.
- ✓ Importancia: Datos no válidos o irrelevantes pueden desviar el análisis y conducir a resultados inútiles.

Consistencia:
- ✓ La consistencia se refiere a la uniformidad de los datos en diferentes puntos del tiempo y a través de diferentes conjuntos de datos.
- ✓ Importancia: Datos inconsistentes pueden crear confusión y dificultar la identificación de tendencias y patrones.

<u>Mitigación del Principio GIGO</u>

Validación y Limpieza de Datos:

- ✓ Método: Implementar procesos para verificar y limpiar los datos antes de su uso. Esto puede incluir la eliminación de duplicados, la corrección de errores y la imputación de datos faltantes.
- ✓ Ejemplo: Usar scripts de limpieza de datos en Python o R para preprocesar conjuntos de datos antes del análisis.

Control de Calidad:
- ✓ Método: Establecer controles de calidad en la recolección de datos para asegurar que se recopilan correctamente y sin sesgos.
- ✓ Ejemplo: Realizar auditorías periódicas de las fuentes de datos y procesos de recolección.

Entrenamiento y Educación:

- ✓ Método: Capacitar al personal sobre la importancia de la calidad de los datos y las mejores prácticas en la recolección y gestión de datos.
- ✓ Ejemplo: Organizar talleres y cursos de formación sobre la gestión de datos y el análisis estadístico.

Uso de Herramientas Adecuadas:
- ✓ Método: Utilizar herramientas y software que faciliten la validación y limpieza de datos.

✓ Ejemplo: Implementar sistemas de gestión de calidad de datos (DQM) y software de ETL (Extract, Transform, Load) para asegurar la integridad y calidad de los datos.

En resumen, "garbage in, garbage out" subraya la importancia crítica de asegurar la calidad de los datos en cualquier proceso que dependa de datos para generar resultados. La atención a la calidad de los datos desde el principio puede prevenir errores costosos y mejorar significativamente la fiabilidad de los resultados y las decisiones basadas en datos.

Riesgo aplicado a la toma decisional usando arboles de decisión y NPV

Los árboles de decisión son una herramienta de modelado predictivo utilizada en la estadística, el aprendizaje automático y la minería de datos. Son útiles para clasificar datos, tomar decisiones y predecir resultados. Un árbol de decisión se representa gráficamente como un árbol en el que cada nodo interno corresponde a una prueba sobre un atributo, cada rama representa el resultado de la prueba y cada hoja representa una clase o un valor de decisión.

 Componentes de un Árbol de Decisión

- ✓ Raíz (Root): El nodo superior del árbol que no tiene padres. Representa la primera decisión o prueba.
- ✓ Nodos Internos: Cada nodo interno representa una prueba o un atributo sobre los datos. Conduce a ramas que representan los posibles resultados de la prueba.
- ✓ Hojas (Leaves): Los nodos terminales del árbol que no tienen hijos. Representan la clase o el valor de la decisión final.
- ✓ Ramas (Branches): Las conexiones entre nodos que representan el resultado de una prueba en un nodo. Llevan a otros nodos o a hojas.

 Tipos de Árboles de Decisión

- ✓ Árboles de Clasificación: utilizados cuando la variable objetivo es categórica. Ejemplo: Decidir si un correo electrónico es spam o no.
- ✓ Árboles de Regresión: Utilizados cuando la variable objetivo es continua. Ejemplo: Predecir el precio de una casa.

Construcción de un Árbol de Decisión

La construcción de un árbol de decisión implica varios pasos:
- ✓ Seleccionar el Mejor Atributo: Utilizar criterios como la entropía y la ganancia de información (para árboles de clasificación) o la suma de los errores cuadrados (para árboles de regresión) para seleccionar el atributo que mejor divide los datos.
- ✓ Dividir el Conjunto de Datos: Dividir el conjunto de datos en subconjuntos según los valores del atributo seleccionado.
- ✓ Repetir el Proceso: Aplicar el mismo proceso recursivamente a cada subconjunto para construir los nodos hijos hasta que se cumplan las condiciones de parada (como alcanzar un número mínimo de muestras en una hoja o una profundidad máxima del árbol).

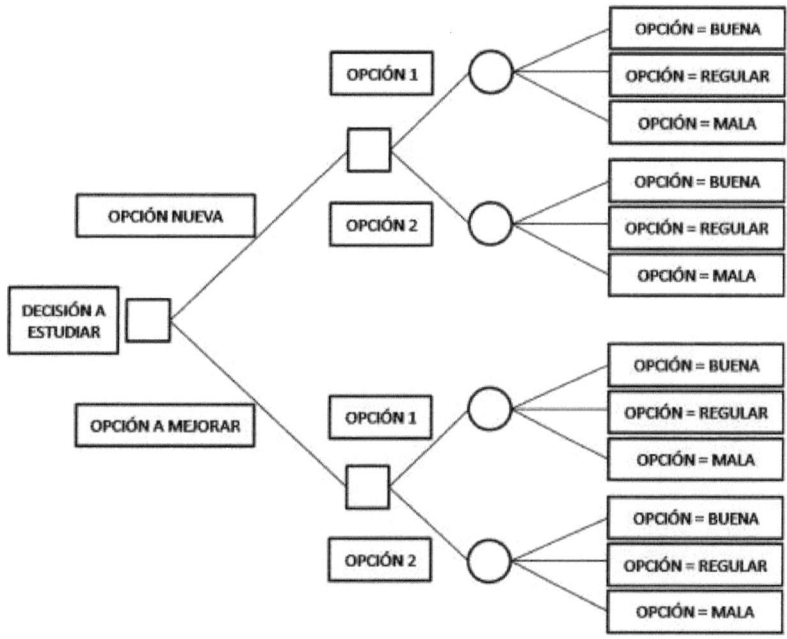

Figura 3. Ejemplo de Árbol de Decisión

Ejemplo de Aplicación

Supongamos que queremos predecir si un cliente comprará un producto basado en características como edad, ingresos y historial de compras. El proceso de construcción del árbol de decisión podría ser:

a. Raíz: Seleccionar el mejor atributo, por ejemplo, ingresos.
b. División: Dividir el conjunto de datos en grupos como "Altos Ingresos" y "Bajos Ingresos".
c. Subdivisión: Repetir el proceso para los nodos hijos usando otros atributos como edad e historial de compras.
d. Hojas: Llegar a las decisiones finales, como "Compra" o "No Compra".

En resumen, los árboles de decisión son una herramienta poderosa y flexible para la clasificación y la regresión, ofreciendo una forma visual y comprensible de tomar decisiones basadas en datos. Sin embargo, es crucial manejar sus limitaciones y considerar técnicas complementarias para asegurar modelos robustos y precisos.

CAPITULO 4
EL METODO DE MONTE CARLO

4. EL METODO DE MONTE CARLO

El método de Monte Carlo como gestor de la certidumbre estadística

El Método de Monte Carlo es una técnica computacional que utiliza la aleatoriedad para resolver problemas que pueden ser deterministas en principio. Es ampliamente utilizado en una variedad de campos, como la física, la ingeniería, las finanzas, y la inteligencia artificial, entre otros. La idea central del método es usar simulaciones repetidas para obtener resultados aproximados.

 Conceptos Fundamentales del Método de Monte Carlo

- ✓ Aleatoriedad y Simulación: Se basa en generar números aleatorios para realizar experimentos o simulaciones. Estos experimentos se repiten muchas veces para obtener una distribución de resultados.
- ✓ Promedio de Resultados: Los resultados de las simulaciones se promedian para obtener una estimación de la solución del problema. Con un número suficientemente grande de simulaciones, este promedio se acerca al valor esperado.

Pasos del Método de Monte Carlo

1. Definir el Problema: Identificar el problema y formularlo de manera que pueda ser resuelto mediante simulación.
2. Generar Variables Aleatorias: Utilizar generadores de números aleatorios para producir las variables necesarias para la simulación.
3. Simular el Proceso: Ejecutar múltiples simulaciones utilizando las variables aleatorias generadas.
4. Recolectar y Analizar Datos: Recopilar los resultados de cada simulación.
    i. Analizar los datos para obtener una estimación del resultado deseado.
    ii. Calcular Resultados:

5. Promediar los resultados de todas las simulaciones para obtener una aproximación del resultado.

En resumen, el Método de Monte Carlo es una herramienta poderosa y versátil para abordar problemas complejos que son difíciles de resolver mediante métodos analíticos tradicionales. Su eficacia depende del número de simulaciones y la calidad de los generadores de números aleatorios utilizados.

Tipos de distribuciones estadísticas más habituales y su uso.

Cuando usar una distribución normal.

La distribución normal, también conocida como distribución de Gauss o distribución gaussiana, es una de las distribuciones más utilizadas en estadística y probabilidad debido a su amplia aplicabilidad en diferentes campos. Aquí hay algunas situaciones comunes en las que se aplica la distribución normal:

1. Modelado de Fenómenos Naturales: Muchos fenómenos naturales, como la altura de las personas, el peso, la presión arterial, etc., tienden a seguir una distribución normal. Por lo tanto, la distribución normal se utiliza para modelar y comprender estos fenómenos.

2. Teorema del Límite Central: Cuando se suman un gran número de variables aleatorias independientes e idénticamente distribuidas, su distribución tiende a una distribución normal. Esto es fundamental en inferencia estadística, ya que permite utilizar la distribución normal para hacer inferencias sobre la media de una población.

3. Inferencia Estadística: En muchas pruebas de hipótesis y intervalos de confianza, se asume que la variable de interés sigue una distribución normal, especialmente cuando se trabaja con muestras grandes.

4. Predicción y Modelado en Finanzas: Muchos modelos financieros, como el modelo de valoración de activos financieros (CAPM), el modelo de Black-Scholes para opciones, entre otros, asumen que los rendimientos de los activos financieros siguen una distribución normal.

5. Control de Calidad: En el control de calidad, la distribución normal se utiliza para modelar la variabilidad de un proceso y para establecer límites de control en gráficos de control.

6. Psicometría: En psicometría, se utiliza la distribución normal para modelar características como el cociente intelectual (CI) y las puntuaciones en pruebas estandarizadas.

Estas son solo algunas de las muchas aplicaciones de la distribución normal. En general, cuando se sospecha que los datos siguen un patrón de distribución simétrico alrededor de su media, la distribución normal suele ser una elección adecuada. Sin embargo, es importante recordar que en la práctica, rara vez los datos son perfectamente normales, y en algunos casos, otras distribuciones pueden ser más apropiadas. En esos casos, es crucial realizar pruebas de normalidad para validar la suposición de normalidad antes de utilizar métodos basados en la distribución normal.

Cuando usar una distribución triangular

La distribución triangular es una distribución de probabilidad continua que se utiliza para modelar situaciones donde los valores posibles de una variable están definidos por un rango mínimo, un rango máximo y un valor más probable dentro de ese rango. Aquí hay algunas situaciones comunes en las que se utiliza la distribución triangular: Estimación de Parámetros: Cuando se desconocen los parámetros de una variable, pero se tiene información sobre un valor mínimo, un valor máximo y un valor más probable dentro de ese rango, la distribución triangular puede ser útil para estimar la distribución de probabilidad de esa variable.

Análisis de Costos y Tiempos: En la gestión de proyectos, estimar costos y tiempos puede ser incierto. La distribución triangular se utiliza a menudo en la estimación de costos y tiempos cuando hay incertidumbre sobre estos valores y se puede proporcionar un rango mínimo, un rango máximo y una estimación puntual dentro de ese rango.

Simulación y Modelado de Riesgos: En el modelado de riesgos y en simulaciones de Monte Carlo, donde se necesitan generar valores aleatorios para ciertas variables, la distribución triangular puede ser una opción cuando hay poca información sobre la distribución exacta de la variable, pero se conocen los límites mínimo y máximo.

Estimación de Demanda y Ventas: En la planificación de la demanda y las ventas, la distribución triangular puede ser útil cuando se desea modelar la incertidumbre en la estimación de la demanda o las ventas futuras y se tiene información sobre el rango mínimo, el rango máximo y una estimación puntual dentro de ese rango.

Modelado de Recursos Naturales: En la modelización de recursos naturales, como la cantidad de agua en un embalse, la distribución triangular puede ser útil para representar la incertidumbre en la estimación de la cantidad de recursos disponibles, con un rango mínimo, un rango máximo y una estimación puntual dentro de ese rango.

En resumen, la distribución triangular se utiliza cuando se necesita modelar la incertidumbre en una variable con información sobre un rango mínimo, un rango máximo y un valor más probable dentro de ese rango. Es una opción útil en situaciones donde la distribución exacta de la variable es desconocida, pero se dispone de información limitada sobre sus límites y su valor más probable.

Cuando usar una distribución binomial

La distribución binomial se aplica en situaciones donde estamos interesados en el número de éxitos en un número fijo de ensayos independientes, donde cada ensayo tiene dos resultados posibles: éxito o fracaso. Aquí hay algunas situaciones comunes en las que se aplica la distribución binomial:

Experimentos de Bernoulli: La distribución binomial es útil cuando realizamos una serie de experimentos de Bernoulli, donde cada experimento tiene dos resultados posibles (éxito o fracaso) y la probabilidad de éxito es constante en cada experimento. Pruebas de Éxito/Fracaso: En muchas situaciones, como en ensayos clínicos, pruebas de calidad, pruebas de fabricación, etc., estamos interesados en contar el número de éxitos (o fracasos) dentro de un número fijo de ensayos.

Modelado de Probabilidades de Sucesos: Por ejemplo, lanzar una moneda n veces y contar el número de veces que sale cara. Este es un caso típico de una distribución binomial, donde el éxito podría definirse como "obtener cara".

Predicciones en Juegos de Azar: En juegos de azar como lanzar dados o jugar a las cartas, donde cada tirada o mano es independiente y hay solo dos posibles resultados (ganar o perder), la distribución binomial puede utilizarse para modelar la probabilidad de obtener un número específico de éxitos en un cierto número de intentos.
Estimación de Proporciones: La distribución binomial también se utiliza para estimar proporciones en una población a partir de una muestra, como en el cálculo de intervalos de confianza para la proporción de personas con cierta característica en una población.

En resumen, la distribución binomial es útil cuando estamos interesados en contar el número de éxitos en un número fijo de ensayos independientes, donde cada ensayo tiene dos resultados posibles y la probabilidad de éxito es constante en cada ensayo.

Cuando usar una distribución log-normal

La distribución log-normal es una distribución de probabilidad continua que se utiliza comúnmente en situaciones donde las variables de interés están restringidas a valores positivos y donde los logaritmos de estas variables tienen una distribución normal. Aquí hay algunas situaciones comunes en las que se utiliza la distribución log-normal: Modelado de Variables Positivas: Cuando se trabaja con variables que son inherentemente positivas y su distribución se asemeja a una distribución normal en la escala logarítmica, la distribución log-normal es una opción adecuada. Ejemplos incluyen precios de acciones, precios de bienes raíces, ingresos personales, tamaños de partículas en aerosoles, entre otros.

Modelado de Fenómenos Multiplicativos: Muchos fenómenos en la naturaleza y en la economía exhiben comportamiento multiplicativo en lugar de aditivo. La distribución log-normal es apropiada para modelar tales fenómenos, ya que los cambios relativos en la variable se distribuyen normalmente.

Ingeniería y Ciencias: En ingeniería, ciencias ambientales y ciencias de la salud, la distribución log-normal se utiliza para modelar variables que tienen una asimetría positiva y cuyos logaritmos se distribuyen normalmente. Ejemplos incluyen concentraciones de contaminantes en el aire, tamaños de partículas en aerosoles, concentraciones de contaminantes en el agua, entre otros.

Predicción de Datos de Supervivencia: En análisis de supervivencia, donde se estudian los tiempos hasta que ocurre un evento (como la muerte de un organismo o el fallo de un sistema), la distribución log-normal se puede usar para modelar los tiempos de supervivencia si los logaritmos de estos tiempos se distribuyen normalmente.
Análisis de Riesgos y Finanzas: En el análisis de riesgos y finanzas, la distribución log-normal se utiliza a menudo para modelar rendimientos de activos financieros, tasas de interés y otros factores económicos que exhiben comportamientos de crecimiento exponencial.

En resumen, la distribución log-normal se utiliza en situaciones donde las variables de interés son positivas y sus logaritmos se distribuyen normalmente. Es especialmente útil en modelado financiero, análisis de riesgos, ciencias naturales y de la salud, así como en ingeniería, donde se encuentran variables con comportamiento multiplicativo y asimetría positiva.

<u>Cuando usar una distribución de Bernoulli</u>

La distribución de Bernoulli es una distribución de probabilidad discreta que describe un experimento aleatorio con dos posibles resultados: éxito (generalmente representado por 1) o fracaso (generalmente representado por 0), donde la probabilidad de éxito es (p) y la probabilidad de fracaso es $(1 - p)$. Aquí hay algunas situaciones comunes en las que se utiliza la distribución de Bernoulli:

Modelado de Resultados Binarios: Cuando estamos interesados en modelar un experimento con solo dos resultados posibles, como éxito o fracaso, sí o no, bueno o malo, la distribución de Bernoulli es apropiada. Por ejemplo, lanzar una moneda (cara o cruz), realizar una encuesta (sí o no), etc.

Procesos de Bernoulli: En muchos casos, una serie de experimentos independientes idénticamente distribuidos, donde cada experimento tiene solo dos resultados posibles y la probabilidad de éxito es constante, se pueden modelar como una secuencia de variables aleatorias de Bernoulli. Por ejemplo, múltiples lanzamientos de una moneda no sesgada.

Modelado de Probabilidades de Éxito y Fracaso: La distribución de Bernoulli se utiliza para modelar la probabilidad de éxito o fracaso en un solo ensayo de un experimento binario.

Análisis de Conversiones: En marketing digital y análisis de datos, la distribución de Bernoulli se utiliza a menudo para modelar la probabilidad de que un usuario realice una acción específica en un sitio web, como hacer clic en un anuncio o suscribirse a un boletín informativo.

Estimación de Parámetros: La distribución de Bernoulli se utiliza también como una distribución base para estimar parámetros de distribuciones más complejas, como la distribución binomial, que modela el número de éxitos en una serie de ensayos de Bernoulli independientes e idénticamente distribuidos.

En resumen, la distribución de Bernoulli se utiliza en situaciones donde estamos interesados en modelar experimentos con solo dos resultados posibles y donde la probabilidad de éxito o fracaso es constante en cada ensayo. Es fundamental en la modelización de procesos binarios y en el análisis de datos donde los resultados son binarios.

Cuando usar una distribución uniforme discreta.

La distribución uniforme discreta es una distribución de probabilidad discreta en la que cada uno de los valores posibles de una variable aleatoria tiene la misma probabilidad de ocurrir. Aquí hay algunas situaciones comunes en las que se utiliza la distribución uniforme discreta:

Modelado de Experimentos con Resultados Equiprobables: Cuando se tiene un experimento con un número finito de resultados, y cada resultado es igualmente probable, se puede utilizar la distribución uniforme discreta para modelar la probabilidad de cada resultado. Por ejemplo, el lanzamiento de un dado no sesgado, donde cada cara tiene la misma probabilidad de salir.

Simulaciones y Muestreo Aleatorio: En la generación de números aleatorios para simulaciones y muestreo aleatorio, la distribución uniforme discreta se utiliza a menudo para asignar probabilidades iguales a cada valor posible dentro de un rango discreto.

Modelado de Variables Categóricas con Niveles Equiprobables: Cuando se tiene una variable categórica con un número finito de niveles, y se asume que cada nivel es igualmente probable, se puede utilizar la distribución uniforme discreta para modelar la probabilidad de cada nivel.

Análisis de Sistemas de Colas: En el análisis de sistemas de colas y procesos estocásticos, la distribución uniforme discreta puede utilizarse para modelar la probabilidad de llegada de clientes o eventos en cada intervalo de tiempo discreto, cuando se asume que las llegadas son igualmente probables en cada intervalo.
Estimación de Probabilidades en Juegos de Azar: En juegos de azar donde cada posible resultado tiene la misma probabilidad de ocurrir, como la ruleta o las cartas de un mazo recién barajado, se puede utilizar la distribución uniforme discreta para modelar la probabilidad de cada resultado.

En resumen, la distribución uniforme discreta se utiliza en situaciones donde cada valor posible dentro de un conjunto finito de valores tiene la misma probabilidad de ocurrir. Es comúnmente utilizado en modelado de experimentos con resultados equiprobables, simulaciones, muestreo aleatorio y en el análisis de sistemas donde se asume igual probabilidad para cada evento discreto.

Trabajando con paquetes y simuladores de Montecarlo.

Crystal Ball de Oracle

Crystal Ball de Oracle es un potente paquete de software de análisis predictivo, simulación y modelado de riesgos. Es especialmente útil para la toma de decisiones basada en datos en diversos campos como finanzas, ingeniería, manufactura y marketing. Crystal Ball permite a los usuarios realizar simulaciones de Monte Carlo, análisis de sensibilidad y optimización para prever resultados y evaluar riesgos.
 Características Principales de Crystal Ball

1. Simulación de Monte Carlo:

- ✓ Crystal Ball utiliza simulaciones de Monte Carlo para modelar la incertidumbre en las variables de entrada y predecir posibles resultados futuros.
- ✓ Permite a los usuarios generar distribuciones probabilísticas en lugar de resultados únicos, proporcionando una visión más completa de los posibles escenarios.

2. Análisis de Sensibilidad:
   - ✓ Identifica y mide el impacto de las variables de entrada en las variables de salida.
   - ✓ Ayuda a determinar cuáles factores tienen mayor influencia en los resultados, facilitando una mejor gestión del riesgo.

3. Optimización:
   - ✓ Incluye herramientas para optimizar problemas complejos mediante técnicas de optimización estocástica.
   - ✓ Los usuarios pueden definir objetivos y restricciones para encontrar las mejores soluciones bajo incertidumbre.

4. Forecasting (Pronóstico):
   - ✓ Crystal Ball proporciona capacidades de pronóstico para predecir tendencias y patrones futuros basados en datos históricos.
   - ✓ Utiliza técnicas avanzadas como suavizado exponencial y modelos ARIMA (AutoRegressive Integrated Moving Average).

5. Interfaces Intuitivas:
   - ✓ Se integra directamente con Microsoft Excel, lo que permite a los usuarios trabajar en un entorno familiar.
   - ✓ Proporciona interfaces gráficas intuitivas para configurar simulaciones, analizar resultados y crear informes.

Beneficios de Usar Crystal Ball a modo general

- ✓ Mejora en la Toma de Decisiones:

✓ Proporciona a los tomadores de decisiones una mejor comprensión de los posibles resultados y los riesgos asociados.
✓ Facilita la evaluación de múltiples escenarios y sus probabilidades.

Beneficios de Usar Crystal Ball en la Gestión de Riesgos:
✓ Permite a las organizaciones identificar, cuantificar y gestionar riesgos de manera más efectiva.
✓ Ayuda a mitigar riesgos mediante el análisis de las posibles variaciones en los factores críticos.

3. Beneficios de Usar Crystal Ball en la Eficiencia Operativa:
✓ Automatiza y simplifica el proceso de análisis, reduciendo el tiempo y el esfuerzo necesarios para evaluar escenarios complejos.
✓ Integra análisis avanzados en flujos de trabajo cotidianos, mejorando la eficiencia operativa.

4. Beneficios de Usar Crystal Ball en la Visualización de Datos:
✓ Crystal Ball proporciona herramientas de visualización que permiten a los usuarios interpretar y comunicar los resultados de manera efectiva.
✓ Incluye gráficos, histogramas y diagramas de tornado para mostrar el impacto de las variables de entrada.

 Ejemplos de Aplicación de Crystal Ball:

 En las Finanzas:
✓ CB permite evaluar el riesgo de inversión y el valor en riesgo (VaR).
✓ CB puede pronosticar flujos de caja futuros y optimizar carteras de inversión.

2. En la Ingeniería:
✓ Simular procesos de manufactura para identificar cuellos de botella y mejorar la eficiencia.
✓ Realizar análisis de fiabilidad y mantenimiento preventivo.

3. En el Marketing:
- Evaluar el impacto de diferentes estrategias de marketing en las ventas.
- Optimizar campañas publicitarias y presupuestos.

4. En la Gestión de Proyectos:
- ✓ Analizar el riesgo de cronogramas y costos en proyectos de construcción y desarrollo.
- ✓ Optimizar la asignación de recursos y tiempos de entrega.

Implementación de Crystal Ball

La implementación de Crystal Ball en una organización generalmente sigue estos pasos:

1. Instalación: Crystal Ball se instala como un complemento de Microsoft Excel. Se puede descargar e instalar fácilmente desde el sitio web de Oracle.

2. Configuración del Modelo: Los usuarios crean un modelo en Excel, definiendo las celdas que representan las variables de entrada y salida. Se asignan distribuciones probabilísticas a las variables de entrada para reflejar la incertidumbre.

3. Ejecutar Simulaciones: Se configuran y ejecutan las simulaciones de Monte Carlo para generar posibles resultados. Crystal Ball realiza miles de iteraciones para obtener una distribución de resultados posibles.

4. Análisis de Resultados: Los resultados se analizan utilizando las herramientas de visualización y análisis de Crystal Ball. Se evalúan las distribuciones de salida, los gráficos de sensibilidad y los escenarios optimizados.

5. Toma de Decisiones: Los resultados del análisis se utilizan para informar y mejorar la toma de decisiones. Se crean informes y presentaciones para comunicar los hallazgos a los interesados.

Recursos Adicionales de Crystal Ball

Para aquellos interesados en aprender más sobre Crystal Ball, Oracle proporciona varios recursos útiles:

✓ Documentación y Manuales: Guías detalladas sobre cómo utilizar todas las funciones de Crystal Ball.

✓ Tutoriales y Webinars: Sesiones educativas en línea que demuestran el uso de la herramienta.

✓ Soporte Técnico: Asistencia profesional para resolver problemas técnicos y obtener ayuda con el software.

✓ Comunidad de Usuarios: Foros y grupos de discusión donde los usuarios pueden compartir experiencias y consejos.

En resumen, Crystal Ball de Oracle es una herramienta poderosa para el análisis predictivo y la gestión de riesgos. Su integración con Excel, junto con sus avanzadas capacidades de simulación y optimización, lo convierte en una opción valiosa para organizaciones que buscan mejorar su toma de decisiones basada en datos.

Toda la informacion de Crystal Ball en Oracle. https://www.oracle.com/applications/crystalball/

@Risk Lumivero

@RISK es una herramienta de análisis de riesgos y simulación de Monte Carlo desarrollada por Lumivero. Similar a Crystal Ball de Oracle, @RISK se integra con Microsoft Excel para proporcionar un entorno familiar y accesible para realizar simulaciones y análisis de riesgos. @RISK se utiliza ampliamente en sectores como finanzas, ingeniería, salud, y muchos otros para modelar la incertidumbre y evaluar riesgos.

Características Principales de @RISK

1. Simulación de Monte Carlo:

✓ Permite realizar simulaciones de Monte Carlo para analizar la incertidumbre y predecir una gama de posibles resultados.

✓ Genera distribuciones de probabilidad para las variables de salida, proporcionando una visión más completa de los riesgos y oportunidades.

2. Análisis de Sensibilidad:
- ✓ Identifica y mide el impacto de las variables de entrada en los resultados de la simulación.
- ✓ Utiliza diagramas de tornado y otras visualizaciones para mostrar cuáles variables tienen mayor influencia en los resultados.

3. Distribuciones Personalizadas:
- ✓ Ofrece una amplia gama de distribuciones de probabilidad que se pueden ajustar a las necesidades específicas del usuario.
- ✓ Los usuarios pueden definir sus propias distribuciones basadas en datos históricos o juicios de expertos.

4. Integración con Excel:
- ✓ Se integra directamente con Excel, lo que permite a los usuarios trabajar en un entorno familiar.
- ✓ Utiliza fórmulas y funciones de Excel, facilitando la creación y modificación de modelos de riesgo.

5. Reporting y Visualización:
- ✓ Proporciona herramientas avanzadas de reporting y visualización para interpretar y comunicar los resultados de la simulación.
- ✓ Incluye gráficos interactivos, informes detallados y opciones de exportación para compartir resultados.

Beneficios de Usar @RISK
- ✓ Mejora en la Toma de Decisiones: Proporciona a los tomadores de decisiones una comprensión más profunda de los riesgos y las incertidumbres, permitiendo decisiones más informadas. Facilita la evaluación de múltiples escenarios y la identificación de las mejores estrategias.
- ✓ Gestión de Riesgos: Permite identificar, cuantificar y mitigar riesgos de manera más efectiva. Ayuda a las organizaciones a prepararse mejor para eventos inciertos y a minimizar el impacto negativo de los riesgos.

Alta facilidad de Uso debido a que su integración con Excel hace que @RISK sea accesible para los usuarios que ya están familiarizados con el entorno de Excel. Ofrece una interfaz intuitiva y fácil de usar para configurar y ejecutar simulaciones.

Otras ventajas

Flexibilidad y Personalización ya que admite una amplia variedad de distribuciones de probabilidad y permite a los usuarios personalizar sus modelos según sus necesidades específicas. También se adapta a diferentes tipos de análisis y sectores industriales.

Ejemplos de Aplicación

Finanzas:

- ✓ Evaluar el valor en riesgo (VaR) de una cartera de inversiones.
- ✓ Pronosticar flujos de caja y analizar la viabilidad de proyectos de inversión.

Ingeniería:

- ✓ Simular la fiabilidad de sistemas complejos y planificar el mantenimiento preventivo.
- ✓ Analizar la variabilidad en los procesos de manufactura y mejorar la calidad del producto.

Salud:

- ✓ Evaluar la efectividad y los costos de tratamientos médicos y programas de salud pública.
- ✓ Planificar la capacidad y la gestión de recursos en hospitales y clínicas.

Proyectos:

- ✓ Analizar la incertidumbre en los cronogramas y presupuestos de proyectos grandes.
- ✓ Optimizar la asignación de recursos y mejorar la gestión de riesgos en proyectos de construcción.

Implementación de @RISK

1. Instalación: @RISK se instala como un complemento de Microsoft Excel. La instalación es sencilla y se puede descargar desde el sitio web de Lumivero.
2. Configuración del Modelo: Los usuarios crean un modelo en Excel, definiendo las celdas que representan las variables de entrada y salida. Se asignan distribuciones probabilísticas a las variables de entrada para reflejar la incertidumbre.
3. Ejecutar Simulaciones: Configurar y ejecutar las simulaciones de Monte Carlo para generar posibles resultados. @RISK realiza miles de iteraciones para obtener una distribución de resultados posibles.
4. Análisis de Resultados: Los resultados se analizan utilizando las herramientas de visualización y análisis de @RISK. Evaluar las distribuciones de salida, los gráficos de sensibilidad y los escenarios optimizados.
5. Toma de Decisiones: Los resultados del análisis se utilizan para informar y mejorar la toma de decisiones. Se crean informes y presentaciones para comunicar los hallazgos a los interesados.

Recursos adicionales

Para aquellos interesados en aprender más sobre @RISK, Lumivero proporciona varios recursos útiles:

✓ Documentación y Manuales: Guías detalladas sobre cómo utilizar todas las funciones de @RISK.
✓ Tutoriales y Webinars: Sesiones educativas en línea que demuestran el uso de la herramienta.
✓ Soporte Técnico: Asistencia profesional para resolver problemas técnicos y obtener ayuda con el software.
✓ Comunidad de Usuarios: Foros y grupos de discusión donde los usuarios pueden compartir experiencias y consejos.

En resumen, @RISK de Lumivero es una herramienta poderosa y versátil para el análisis de riesgos y la simulación de Monte Carlo. Su integración con Excel, junto con sus avanzadas capacidades de simulación y análisis, lo convierten en una opción valiosa para organizaciones que buscan mejorar su toma de decisiones basada en datos y gestionar la incertidumbre de manera más efectiva.

Mas informacion sobre @risk y Lumivero en su página web https://lumivero.com/

Argo de Booz Allen (Gratuito)

Argo es una plataforma de análisis y visualización de datos desarrollada por Booz Allen Hamilton, una empresa global de consultoría y tecnología. La plataforma Argo está diseñada para ayudar a las organizaciones a descubrir conocimientos valiosos a partir de grandes volúmenes de datos, permitiendo a los usuarios tomar decisiones informadas y basadas en datos. Aquí se describen algunas características y beneficios clave de la plataforma Argo de Booz Allen.

Características Principales de Argo

1. Análisis de Datos Avanzado:
   - ✓ Argo proporciona herramientas avanzadas de análisis de datos que permiten a los usuarios explorar y entender datos complejos de manera efectiva.
   - ✓ Admite una variedad de técnicas analíticas, incluyendo análisis estadístico, minería de datos y aprendizaje automático.

2. Visualización de Datos:
   - ✓ La plataforma incluye capacidades robustas de visualización de datos que facilitan la interpretación y comunicación de los resultados del análisis.
   - ✓ Los usuarios pueden crear gráficos interactivos, mapas y dashboards personalizados para presentar datos de manera clara y comprensible.

3. Integración de Datos:
   - ✓ Argo puede integrarse con múltiples fuentes de datos, permitiendo a las organizaciones consolidar información de diferentes sistemas y bases de datos.
   - ✓ Soporta la ingesta y procesamiento de grandes volúmenes de datos en tiempo real.

4. Modelado Predictivo:

- ✓ La plataforma permite a los usuarios construir y ejecutar modelos predictivos para anticipar tendencias futuras y tomar decisiones proactivas.
- ✓ Utiliza algoritmos de aprendizaje automático para mejorar la precisión de las predicciones.

5. Interfaz de Usuario Intuitiva:
- ✓ Argo está diseñado con una interfaz de usuario amigable que facilita la navegación y el uso de las herramientas analíticas sin necesidad de conocimientos técnicos profundos.
- ✓ Incluye funcionalidades de arrastrar y soltar para simplificar la creación de análisis y visualizaciones.

Beneficios de Usar Argo

1. Mejora en la Toma de Decisiones:
- ✓ Proporciona a los tomadores de decisiones una comprensión más profunda de los datos y las tendencias subyacentes, permitiendo decisiones más informadas y estratégicas.
- ✓ Facilita la identificación de oportunidades y riesgos potenciales.

2. Aumento de la Eficiencia:
- ✓ Automatiza procesos de análisis de datos, reduciendo el tiempo y el esfuerzo necesarios para obtener conocimientos valiosos.
- ✓ Permite a las organizaciones responder más rápidamente a cambios en el entorno de negocio.

3. Escalabilidad:
- ✓ La plataforma es altamente escalable, lo que permite a las organizaciones manejar crecientes volúmenes de datos a medida que sus necesidades evolucionan.
- ✓ Puede adaptarse a diferentes tamaños de organizaciones y sectores industriales.

4. Mejor Colaboración:
- ✓ Facilita la colaboración entre equipos mediante el uso compartido de análisis, visualizaciones y dashboards.
- ✓ Promueve una cultura de toma de decisiones basada en datos dentro de la organización.

Ejemplos de Aplicación

1. Sector Financiero:
- Identificar patrones de fraude y evaluar el riesgo de crédito mediante el análisis de datos transaccionales. Optimizar carteras de inversión utilizando modelos predictivos y análisis de tendencias de mercado.

2. Salud: Analizar datos de pacientes para mejorar los resultados de salud y personalizar tratamientos. Predecir brotes de enfermedades y planificar recursos hospitalarios de manera más eficiente.

3. Sector Público: Mejorar la seguridad pública mediante el análisis de datos de criminalidad y la identificación de áreas de alto riesgo. Evaluar la efectividad de programas y políticas gubernamentales mediante el análisis de datos de desempeño.

4. Energía: Optimizar la gestión de la cadena de suministro y la producción de energía mediante el análisis de datos operativos. Predecir el consumo de energía y planificar la capacidad de generación de manera más eficiente.

Implementación de Argo
1. Evaluación de Necesidades:
- Comenzar con una evaluación de las necesidades específicas de análisis y visualización de datos de la organización. Identificar las fuentes de datos y los objetivos de negocio que se desean alcanzar con la plataforma.
2. Integración de Datos: Integrar Argo con las diversas fuentes de datos existentes en la organización, asegurando una ingesta fluida y consolidación de la información.

Configurar los procesos de ingesta de datos para asegurar que los datos se actualicen en tiempo real o en intervalos específicos.

3. Configuración de la Plataforma: Configurar la plataforma según las necesidades específicas de la organización, incluyendo la personalización de dashboards y visualizaciones. Definir roles y permisos de usuario para asegurar un acceso adecuado y seguro a la información.

4. Entrenamiento y Capacitación: Proporcionar entrenamiento y capacitación a los usuarios para asegurar que puedan utilizar eficazmente las herramientas de análisis y visualización de Argo. Ofrecer soporte continuo y recursos de aprendizaje para mantener las habilidades actualizadas.

5. Monitoreo y Optimización: Monitorear el uso y el rendimiento de la plataforma para identificar áreas de mejora y optimización. Actualizar y ajustar los modelos analíticos y las configuraciones de la plataforma según sea necesario para responder a cambios en las necesidades de negocio.

Recursos adicionales

Para aquellos interesados en aprender más sobre Argo de Booz Allen, la empresa proporciona varios recursos útiles:

- ✓ Documentación y Manuales: Guías detalladas sobre cómo utilizar todas las funciones de Argo.
- ✓ Tutoriales y Webinars: Sesiones educativas en línea que demuestran el uso de la plataforma.
- ✓ Soporte Técnico: Asistencia profesional para resolver problemas técnicos y obtener ayuda con el software.
- ✓ Comunidad de Usuarios: Foros y grupos de discusión donde los usuarios pueden compartir experiencias y consejos.

En resumen, Argo de Booz Allen es una plataforma poderosa para el análisis y visualización de datos, diseñada para ayudar a las organizaciones a descubrir conocimientos valiosos y tomar decisiones informadas. Su integración con múltiples fuentes de datos y sus capacidades avanzadas de análisis y visualización la convierten en una herramienta valiosa para diversas industrias y aplicaciones.

Mas informacion sobre Argo y Booz Allen en https://boozallen.github.io/argo/

Aplicaciones corporativas y ejemplos.

La gestión del riesgo es una disciplina esencial para las empresas, ya que permite identificar, evaluar y mitigar los riesgos que pueden afectar el logro de sus objetivos. Las áreas de aplicación de la gestión del riesgo en una empresa son diversas y abarcan prácticamente todas las funciones y operaciones. A continuación, se detallan algunas de las áreas clave donde la gestión del riesgo es crucial:

1. Finanzas
   - ✓ Riesgo de Mercado: Variaciones en los precios de los activos financieros, tipos de cambio y tasas de interés.
   - ✓ Riesgo de Crédito: Probabilidad de que los deudores incumplan sus obligaciones de pago.
   - ✓ Riesgo de Liquidez: Capacidad de la empresa para cumplir con sus obligaciones financieras a corto plazo.
   - ✓ Riesgo Operacional: Pérdidas derivadas de fallos en procesos internos, personas o sistemas.

2. Operaciones
   - ✓ Riesgo de Cadena de Suministro: Interrupciones en la entrega de materiales o productos debido a desastres naturales, conflictos laborales o fallos de proveedores.
   - ✓ Riesgo de Producción: Problemas en la fabricación que pueden causar retrasos, defectos o paradas en la producción.
   - ✓ Riesgo de Calidad: Productos o servicios que no cumplen con los estándares establecidos, afectando la satisfacción del cliente y la reputación de la empresa.

3. Tecnología de la Información

- ✓ Riesgo de Ciberseguridad: Amenazas de hackers, malware y violaciones de datos que pueden comprometer la información sensible.
- ✓ Riesgo de Sistema: Fallos en los sistemas de TI que pueden interrumpir las operaciones comerciales.
- ✓ Riesgo de Proyectos de TI: Implementaciones de software o hardware que no cumplen con los plazos, el presupuesto o los requisitos funcionales.

4. Recursos Humanos
- ✓ Riesgo de Cumplimiento Laboral: Violaciones de leyes y regulaciones laborales que pueden resultar en sanciones o litigios.
- ✓ Riesgo de Talento: Dificultades para atraer, retener y desarrollar empleados clave.
- ✓ Riesgo de Salud y Seguridad: Lesiones o enfermedades relacionadas con el trabajo que pueden afectar a los empleados y a la productividad.

5. Cumplimiento y Regulación
- ✓ Riesgo Regulatorio: Cambios en las leyes y regulaciones que pueden afectar las operaciones comerciales.
- ✓ Riesgo de Cumplimiento: Incumplimiento de normas legales y reglamentarias que pueden resultar en multas, sanciones o daño reputacional.
- ✓ Riesgo Ético: Conductas no éticas que pueden afectar la integridad y la reputación de la empresa.

6. Riesgo Estratégico
- ✓ Riesgo de Competencia: Acciones de competidores que pueden afectar la cuota de mercado y la rentabilidad.
- ✓ Riesgo de Mercado: Cambios en las preferencias de los consumidores, la tecnología o el entorno económico que pueden afectar la posición de mercado.
- ✓ Riesgo de Inversión: Inversiones en nuevos proyectos o mercados que pueden no generar los retornos esperados.

7. Marketing y Ventas

✓ Riesgo de Marca: Daño a la reputación de la marca debido a publicidad negativa, malas críticas o problemas con productos.

✓ Riesgo de Demanda: Cambios en la demanda del mercado que pueden afectar las ventas y los ingresos.

✓ Riesgo de Precio: Estrategias de precios que pueden no ser competitivas o no reflejar adecuadamente el valor del producto.

8. Riesgo Ambiental

✓ Riesgo de Sostenibilidad: Impactos ambientales adversos que pueden resultar en sanciones regulatorias o daño a la reputación.

✓ Riesgo Climático: Efectos del cambio climático que pueden afectar las operaciones, la cadena de suministro y los mercados.

9. Riesgo Legal

✓ Riesgo de Litigios: Potencial para demandas y conflictos legales que pueden resultar en costos significativos y daño a la reputación.

✓ Riesgo Contractual: Riesgos asociados con el incumplimiento de contratos o cláusulas desfavorables en acuerdos comerciales.

10. Riesgo de Innovación

✓ Riesgo de Desarrollo de Productos: Fallos en el desarrollo de nuevos productos que no cumplen con las expectativas del mercado o los requisitos regulatorios.

✓ Riesgo de Investigación y Desarrollo: Inversiones en I+D que no resultan en avances tecnológicos o comerciales significativos.

En resumen, la gestión del riesgo es integral para el éxito y la sostenibilidad de una empresa. Al identificar y gestionar proactivamente los riesgos en todas las áreas, las organizaciones pueden proteger sus activos, optimizar su desempeño y asegurar su continuidad operativa.

CAPITULO 5:

APLICACIONES PRACTICAS

5. PRESENTACION DE LOS MODELOS A USAR

✓ Aplicación 1. Cálculo de certidumbre estadística y riesgos aplicado a una cuenta de explotación general. Beneficios Netos y Beneficios por acción

✓ Aplicación 2. Cálculo y medición de riesgos aplicado a una cuenta de explotación desglosada por líneas de productos. Análisis sobre beneficios netos y beneficios por acción probabilidades de alcanzar objetivos y certidumbre estadística.

✓ Aplicación 3. Cálculo y medición de riesgos aplicado a una cuenta de explotación desglosada por cuentas de clientes (grandes cuentas y B2B). Análisis sobre beneficios netos y beneficios por acción probabilidades de alcanzar objetivos y certidumbre estadística.

✓ Aplicación 4. Cálculo y medición de riesgos aplicado a una cuenta de explotación teniendo en cuenta al Score Z de Altman y posibles impactos económicos en caso de bancarrota de clientes.

✓ Aplicación 5 Cálculo y medición de riesgos aplicado sobre el Cash Flow

✓ Aplicación 6. Cálculo y medición de riesgos aplicado a un Portafolio de Inversiones

✓ Aplicación 7. Cálculo y medición de riesgos aplicado a profesionales liberales

✓ Aplicación 8. Cálculo y medición de riesgos aplicado a Estrategias de Exportación y riesgo cambiario.

✓ Aplicación 9. Cálculo y medición de riesgos aplicado en una cadena de suministro internacional

✓ Aplicación 10. Cálculo y medición de riesgos aplicado a un plan de marketing

5.1. APLICACIÓN #1. CÁLCULO DE CERTIDUMBRE ESTADÍSTICA Y RIESGOS APLICADO A UNA CUENTA DE EXPLOTACIÓN GENERAL. BENEFICIOS NETOS Y BENEFICIOS POR ACCIÓN

Imaginemos la pequeña empresa familiar Gestiona SA. Esta empresa se encuentra preparando a finales del año 2021 la previsión del primer trimestre del 2022. La empresa presenta una cuenta de explotación básica estimada en sus datos pasados. No obstante, hay que decir que los accionistas miden su éxito en base a los beneficios netos y al BPA (Beneficio por Acción) así que se esperan beneficios de 3,8 millones de $ y un beneficio por acción de 38,07 $.

Trimestre 1. Enero-Marzo 2022		
CUENTA DE EXPLOTACION	**Esperado**	
Unidades		1580
Precio de ventas	€	4,700.00
Ingresos	€	7,426,000.00
Coste de las ventas	€	390,000.00
Beneficios brutos	€	7,036,000.00
Costes Operacionales		
Salarios y Pagos	€	2,560,000.00
Alquileres	€	100,000.00
Suminitros, electricidad, agua	€	9,500.00
Depreciacion y Amortizacion	€	78,000.00
Intereses	€	150,000.00
Costes totales	€	2,897,500.00
Beneficios antes de impuestos	€	4,138,500.00
Impuesto de Sociedades 8%	€	331,080.00
Beneficios Netos	€	3,807,420.00
Numero de acciones		100,000
Beneficio por Accion (BPA)	€	38.07

Tabla 4. Cuenta de explotación Trimestre 1. Enero-marzo 2022

Desconocemos si esto será así o no. Hay cierta incertidumbre en la compañía. Para eso hemos realizado una reunión con los directivos, los cuales son los principales conocedores de las posibles fluctuaciones de las variables y les hemos pedido que realicen una serie de estimaciones basadas en un escenario que sea mejor de lo esperado (mejor escenario posible MEP) y otro en donde ocurra lo peor posible, sin tener en cuenta posible cisnes negros absolutamente imprevisibles, es decir crear un escenario el cual llamemos el peor escenario posible (PEP).

A continuación, se muestran los resultados tras la reunión de dirección:

Trimestre 1. Enero-Marzo 2022			VARIABLES DEFINIDAS TRAS REUNION EJECUTIVA	
CUENTA DE EXPLOTACION	Esperado		Mejor escenario posible	Peor escenario posible
Unidades		1580	1700	1100
Precio de ventas	€	4,700.00	€ 4,950.00	€ 4,550.00
Ingresos	€	7,426,000.00	€ 9,133,980.00	€ 6,089,320.00
Coste de las ventas	€	390,000.00	€ 350,000.00	€ 420,000.00
Beneficios brutos	€	7,036,000.00	€ 8,783,980.00	€ 5,669,320.00
Costes Operacionales				
Salarios y Pagos	€	2,560,000.00	€ 2,450,000.00	€ 3,000,000.00
Alquileres	€	100,000.00	€ 95,000.00	€ 120,000.00
Suministros, electricidad, agua	€	9,500.00	€ 9,500.00	€ 10,000.00
Depreciacion y Amortizacion	€	78,000.00	€ 78,000.00	€ 78,000.00
Intereses	€	150,000.00	€ 150,000.00	€ 150,000.00
Costes totales	€	2,897,500.00	€ 2,782,500.00	€ 3,358,000.00
Beneficios antes de impuestos	€	4,138,500.00	€ 5,090,355.00	€ 3,393,570.00
Impuesto de Sociedades 8%	€	331,080.00	€ 407,228.40	€ 271,485.60
Beneficios Netos	€	3,807,420.00	€ 4,683,126.60	€ 3,122,084.40
Numero de acciones		100,000		
Beneficio por Accion (BPA)	€	38.07		

Tabla 5. Variables y escenarios definidos tras reunión ejecutiva

Se deduce de esta reunión que las principales variables sujetas a volatilidad y oscilación son las siguientes:

Variable	Valor esperado	Peor Escenario Posible (PEP)	Mejor Escenario Posible (MEP)
Unidades vendidas	1580	1100	1700
Precios de venta	4.700 $	4.550 $	4.950 $
Salarios y Pagos	2,560.000 $	3,000.000 $	2,450.000 $
Alquileres	100.000 $	120.000 $	95.000 $
Suministros, electricidad, agua, otros	9.500 $	10.000 $	9.500 $

Tabla 6. Variables susceptibles de fluctuación

Aunque consideremos en general que el precio por unidad no varía en este caso el autor ha querido aplicar una posible variación para dotar al ejercicio de una mayor claridad. (Podría decidirse desde la dirección variar el precio en caso de descuentos o incrementos de precio dadas ciertas situaciones de mercado puntuales)

Con la ayuda del programa Argo, crearemos en cada celda afectada una distribución triangular que muestre los valores esperados, mínimos y máximos de la celda. Las celdas afectadas se muestran en la siguiente tabla y quedan marcadas en color. (oscuro para la versión impresa y azul y verde para la versión PDF Online).

Trimestre 1. Enero-Marzo 2022		VARIABLES DEFINIDAS TRAS REUNION EJECUTIVA	
CUENTA DE EXPLOTACION	Esperado	Mejor escenario posible	Peor escenario posible
Unidades	1580	1700	1100
Precio de ventas	€ 4,700.00	€ 4,950.00	€ 4,550.00
Ingresos	€ 7,426,000.00	€ 9,133,980.00	€ 6,089,320.00
Coste de las ventas	€ 390,000.00	€ 350,000.00	€ 420,000.00
Beneficios brutos	€ 7,036,000.00	€ 8,783,980.00	€ 5,669,320.00
Costes Operacionales			
Salarios y Pagos	€ 2,560,000.00	€ 2,450,000.00	€ 3,000,000.00
Alquileres	€ 100,000.00	€ 95,000.00	€ 120,000.00
Suminstros, electricidad, agua	€ 9,500.00	€ 9,500.00	€ 10,000.00
Depreciacion y Amortizacion	€ 78,000.00	€ 78,000.00	€ 78,000.00
Intereses	€ 150,000.00	€ 150,000.00	€ 150,000.00
Costes totales	€ 2,897,500.00	€ 2,782,500.00	€ 3,358,000.00
Beneficios antes de impuestos	€ 4,138,500.00	€ 5,090,355.00	€ 3,393,570.00
Impuesto de Sociedades 8%	€ 331,080.00	€ 407,228.40	€ 271,485.60
Beneficios Netos	€ 3,807,420.00	€ 4,683,126.60	€ 3,122,084.40
Numero de acciones	100,000		
Beneficio por Accion (BPA)	€ 38.07		

Tabla 7. Celdas marcadas en distinto color que hacen referencia a variables con distribución con la excepción de las celdas de beneficios Netos y BPA que son resultado

A continuación, y ya con la Aplicación Argo abierta procederemos a aplicar distribuciones triangulares a cada una de las 5 celdas en color verde. Como ejemplo empezaremos en la celda de unidades vendidas (1580) y crearemos una distribución donde la moda (valor con más probabilidades de ocurrir) sean 1580 unidades, su mínimo sean 1100 unidades y su máximo sean 1700 unidades.

Para hacer esto hemos se seguir el siguiente proceso:

Primeramente, deberemos situar el cursor en la celda que contiene el valor 1580 (unidades) y entonces hacer clic en el icono *"Distribution"*

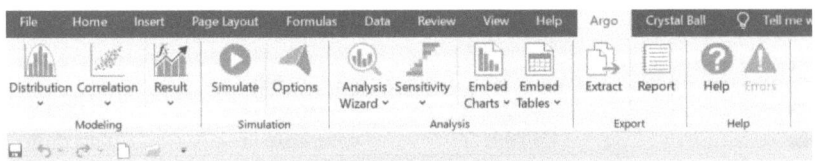

Figura 4, Iconos principales en Argo

Una vez ahí se abrirá un cuadro que nos permite elegir el tipo de distribución a aplicar así que elegiremos la triangular, véase la foto a continuación:

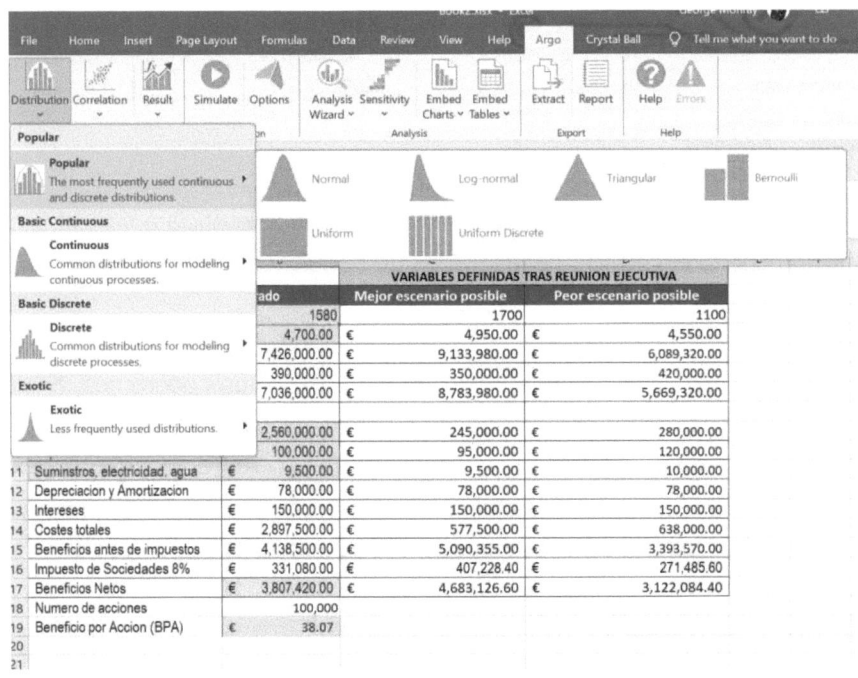

Tabla 8. Como elegir distribución en Argo

Una vez hemos elegido la opción triangular se nos aparecerá un cuadro de dialogo que nos mostrará las celdas para entrar los valores elegidos, véase aquí la muestra.

Tras entrar los valores 1100 (mínimo), 1580 (esperado) y 1700 (máximo) habrá que hacer clic en el botón *"Apply"* para que la función quede registrada. El ejemplo se puede ver aquí:

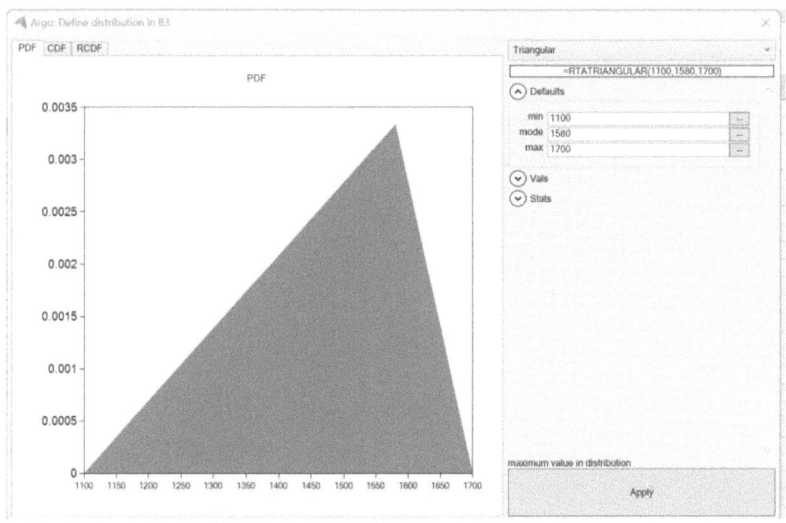

Figura 5. Ejemplo de aplicación de Distribución Triangular

Una vez se haya hecho clic en *Apply* habrá que fijarse en la celda B3 y en su función asignada en el navegador, siendo esta =RtaTRIANGULAR(1100,1580.1700), Vease a continuación la función en Excel y Argo.

	A	B	C	D
			VARIABLES DEFINIDAS TRAS REUNION EJECUTIVA	
1	Trimestre 1. Enero-Marzo 2022			
2	CUENTA DE EXPLOTACION	Esperado	Mejor escenario posible	Peor escenario posible
3	Unidades	1580	1700	1100
4	Precio de ventas	€ 4,700.00	€ 4,950.00	€ 4,550.00
5	Ingresos	€ 7,426,000.00	€ 9,133,980.00	€ 6,089,320.00
6	Coste de las ventas	€ 390,000.00	€ 350,000.00	€ 420,000.00
7	Beneficios brutos	€ 7,036,000.00	€ 8,783,980.00	€ 5,669,320.00
8	Costes Operacionales			
9	Salarios y Pagos	€ 2,560,000.00	€ 245,000.00	€ 280,000.00
10	Alquileres	€ 100,000.00	€ 95,000.00	€ 120,000.00
11	Suministros, electricidad, agua	€ 9,500.00	€ 9,500.00	€ 10,000.00
12	Depreciacion y Amortizacion	€ 78,000.00	€ 78,000.00	€ 78,000.00
13	Intereses	€ 150,000.00	€ 150,000.00	€ 150,000.00
14	Costes totales	€ 2,897,500.00	€ 577,500.00	€ 638,000.00
15	Beneficios antes de impuestos	€ 4,138,500.00	€ 5,090,355.00	€ 3,393,570.00
16	Impuesto de Sociedades 8%	€ 331,080.00	€ 407,228.40	€ 271,485.60
17	Beneficios Netos	€ 3,807,420.00	€ 4,683,126.60	€ 3,122,084.40
18	Numero de acciones	100,000		
19	Beneficio por Accion (BPA)	€ 38.07		

Formula bar B3: =RtaTRIANGULAR(1100,1580,1700)

Tabla 9. Ejemplo de formula en navegador de Excel tras a ver configurado la distribución

En este momento ya hemos asignado una distribución a una variable, es decir a las unidades vendidas las cuales pueden moverse entre 1100 y 1700 esperando vender 1580 de ellas.

A partir de ahora vamos a seguir asignando distribuciones, todas triangulares, a las demás celdas que aparecen en color verde, los valores esperados son los que aparecen en la columna B, los del Mejor Escenario Posible (MEP) en la columna C y los del Peor Escenario Posible (PEP) en la columna D.

Las posibles volatilidades de las variables analizadas en el modelo de riesgo han quedado representadas en la Tabla 3, ahora es el momento de proceder a hacer clic en el botón "*Options*" y a configurar la opción saliente de la siguiente manera: se le pedirá a Argo 10.000 iteraciones estadísticas (como mínimo) basadas en el muestreo de Monte Carlo *(Monte Carlo sampling)* y con Native Excel (Figura 3) y se le tendrá que tener activada la opción "*Value Returned: Mode*" como se puede ver en la Figura número 4.

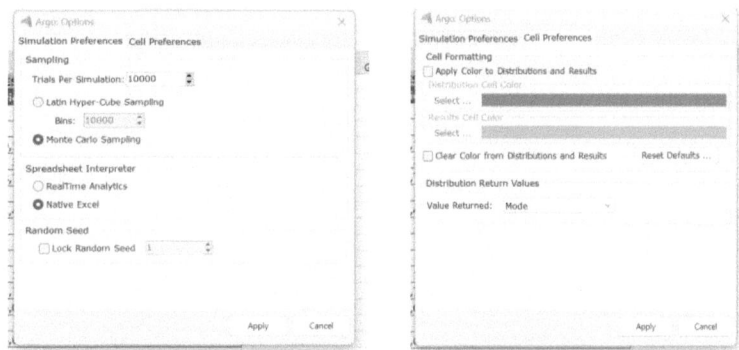

Figuras 6 y 7. Preferencias en la simulación (I y II)

Para finalizar habrá que aplicar un resultado a las celdas que aparecen en color azul cian, es decir B17 y B19. Para esto habrá que situarse en cada celda y desde Argo habrá que hacer clic en el botón *"Result"* y posteriormente *"Add Result"*, habrá que hacer el mismo proceso tanto para B17 como para B19. (Beneficios Netos y Beneficios por Acción). Véase la siguiente Tabla 7.

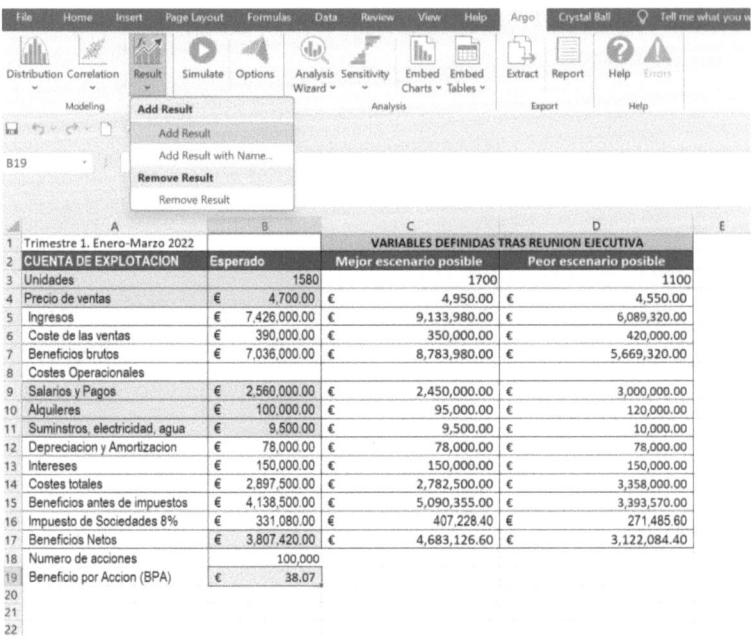

Tabla 10. Ejemplo de cómo añadir resultados al modelo

Nótese que tras añadir la función de resultado en las celdas B17 y B19 se ha generado una función en el navegador de Excel que es *=RtaRESULT(B15-B16)* para la celda B17 y *=RtaRESULT(B17/B18)* para la celda B19.

En estos momentos el modelo de riesgo esta ya listo para ejecutar la simulación. Por consiguiente, haremos clic en el botón *"Simulate"*. El proceso de simulación debería tardar entre 30-40 segundos para unas 10.000 iteraciones así que habrá que esperar, nótese que mientras se ejecuta el proceso se pueden visualizar la evolución en la parte inferior izquierda de la hoja de Excel. Una vez finalizado el software nos dará un mensaje como el siguiente:

Tabla 11. Notificación de Simulación completada

A continuación, habrá que hacer clic en el botón *"Analysis Wizard"* y elegir la opción *"Choose Distributions/Results"*, se puede ver an la siguiente Figura 6.

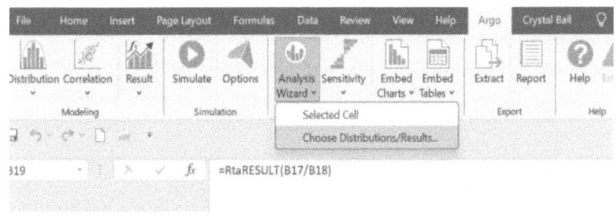

Figura 8. Elegir Distribuciones y Resultados

Una vez ahí elegiremos las celdas B17 y B19 las cuales son el objetivo de nuestro análisis.

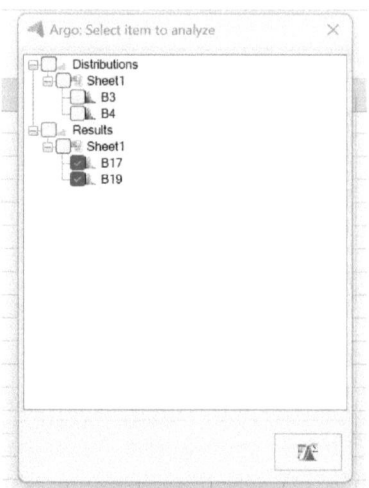

Figura 9. Celdas elegidas como resultados

Tras hacer clic en el pequeño icono con forma de grafico que aparece en la parte de debajo de la derecha en la figura 7 podremos visualizar los resultados de las iteraciones estadísticas aleatorias. Los resultados correspondientes a la celda B17, resultados de beneficio neto. Vemos que hemos insertado en la opción *'likelihood"* un valor de 0,9 es decir queremos saber cuál va a ser el rango de resultados esperado bajo un 90% de certidumbre. Como vemos estos carean entre 2.6 y 4,1 millones de $.

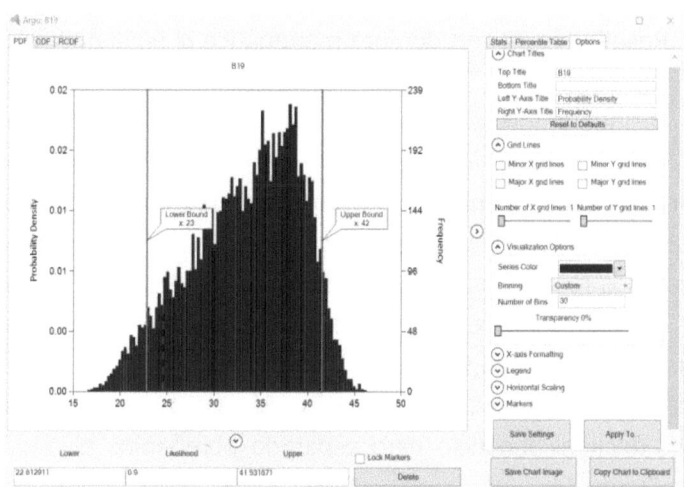

Figura 10. Resultados de certidumbre matemática al 90% aplicados al Beneficio Neto Empresarial

¿Y qué va a ocurrir con el Beneficio por acción (BPA)? Pues como s aprecia en la Figura 11, que existe un 90% de certidumbre de que los resultados se encuentren entre 22,8 y 41.5 $/acción.

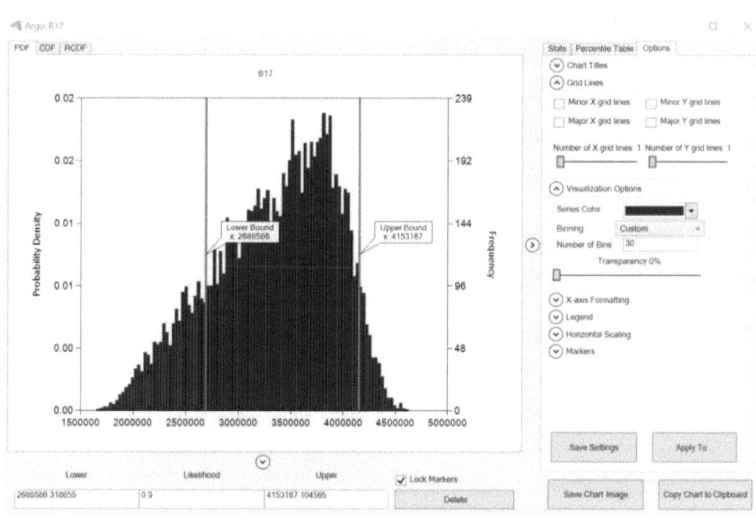

Figura 11. Resultados de certidumbre matemática al 90% aplicados al BPA

¿Resultados demasiado amplios?

No hay problema, podemos concretar aún más delimitando las certidumbres, 80%, 75% etc. o estableciendo un valor en la celda llamada *"lower"*. En este caso la empresa espera unos resultados de 3.8 millones de $os en beneficios netos y de 38 $os por acción. Entonces deberemos insertar ese valor en la celda *lower* para ver en la Figura 10 que solo hay un 24,9% de probabilidades de que el resultado sea mayor a los 38 $os de beneficio por acción esperado. Si se ejecuta el mismo análisis para la celda B17, es decir el beneficio neto esperado obtenemos el mismo porcentaje expresado en la Figura 11.

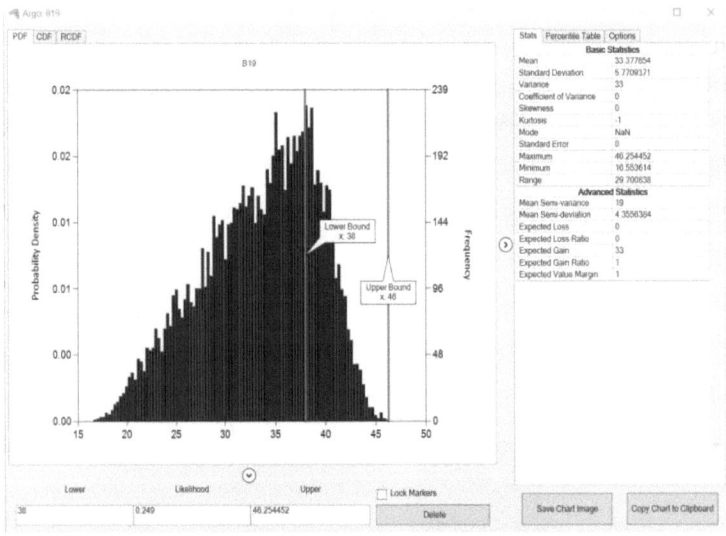

Figura 12. Certidumbre de obtener como mínimo el resultado esperado referido al BPA

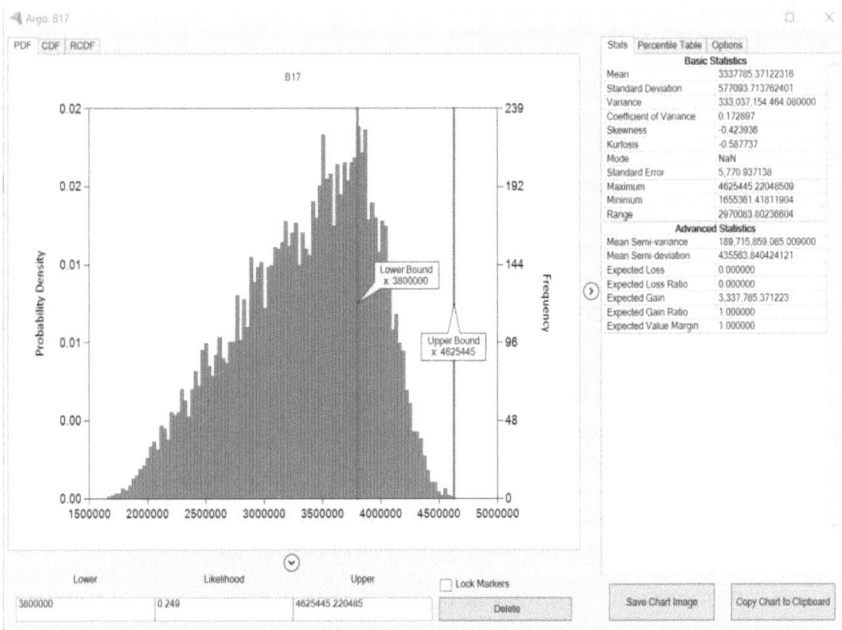

Figura 13. Certidumbre de obtener como mínimo el resultado esperado referido a
los Beneficios Netos

Conclusiones:

Las previsiones de gerencia en cuanto a los resultados esperados son demasiado
optimistas, dándose pocas probabilidades de que se lleguen a los resultados. Habrá
que reorientar la estrategia y crear un modelo menos agresivo. Si se esperan
resultados de alrededor de solo 30 $/acción entonces la certidumbre puede escalar a
un 71% lo cual sería menos arriesgado.

5.2. APLICACIÓN #2. CÁLCULO Y MEDICIÓN DE RIESGOS APLICADO A UNA CUENTA DE EXPLOTACIÓN DESGLOSADA POR LÍNEAS DE PRODUCTOS. ANÁLISIS SOBRE BENEFICIOS NETOS Y BENEFICIOS POR ACCIÓN PROBABILIDADES.

Esta empresa fabrica y vende calzado en EE.UU. Como se puede ver fabrica y vende hasta 10 categorías de producto distintas que se agrupan en zapatos de hombre, mujer, niño y deportivos. Cada línea de producto aporta incertidumbre en los resultados. El CEO de la empresa, quien además es un experto en riesgo, tras dirigir la reunión con el resto de directivos ha obtenido estos resultados en los que se establecen los mejores y peores escenarios en ventas, tanto en unidades como en precios negociados finales. Es importante ver que las celdas que aparecen en oscuro o a color van a representar variables que pueden fluctuar en su valor mientras que el resto de las celdas sin color no presentan modificaciones en sus porcentajes o valores.

Categoría de producto	Precio/unidad	Venta de unidades	Total ventas estimadas	Precios y su volatilidad		Venta de unidades	
				Mejor Escenario Posible (MEP)	Peor Escenario Posible (PEP)	Mejor Escenario Posible (MEP)	Peor Escenario Posible (PEP)
Zapato mujer Tipo M1	$ 34.00	568	$ 19,312.00	$ 36.00	$ 29.00	1000	100
Zapato mujer Tipo M2	$ 56.00	7700	$ 431,200.00	$ 60.00	$ 50.00	8000.00	1500
Zapato mujer Tipo M3	$ 47.00	9000	$ 423,000.00	$ 49.00	$ 39.00	10000.00	6000
Zapato hombre tipo H1	$ 31.00	10000	$ 310,000.00	$ 32.00	$ 29.00	10500.00	7000
Zapato Hombre tipo H2	$ 25.00	11000	$ 275,000.00	$ 27.00	$ 20.00	12000.00	8000
Zapato deportivo Tipo D1	$ 78.00	12000	$ 936,000.00	$ 80.00	$ 58.00	15000.00	10000
Zapato deportivo Tipo D2	$ 91.00	1500	$ 136,500.00	$ 99.00	$ 85.00	2000.00	1000
Zapato deportivo Tipo D3	$ 72.00	6700	$ 482,400.00	$ 75.00	$ 70.00	9000.00	6000
Zapato niño Tipo N1	$ 56.00	4500	$ 252,000.00	$ 59.00	$ 40.00	5000.00	4000
Zapato niño Tipo N2	$ 55.00	3000	$ 165,000.00	$ 66.00	$ 40.00	3200.00	3000
	0	65968	$ 3,430,412.00				

Costes	0	Presupuestado /Esperado		MEP	PEP		
Costes de las ventas (COGS)	60%	$2,058,247.20		55%	75%		
Margen Bruto		$1,372,164.80					
Sueldos y salarios		$234,000.00					
Alquileres		$195,000.00					
Otros costes		$60,000.00					
Total		$489,000.00					

EBITDA Esperado		$883,164.80	
Depreciacion y Amortizacion		$19,000.00	
Intereses		$14,500.00	
Beneficio antes de impuestos (BAIT/ EBT)		$849,664.80	
Impuesto Sociedades / Corporate Taxes	25.00%	$212,416.20	
Beneficio Neto		$637,248.60	
Numero de acciones		10,000	
Preffered Dividends		$0.00	
Beneficio por accion (BPA)		$63.72	
Minimo BPA aceptado		$50.00	

Tabla 12, Detalle por líneas de producto

En este caso hemos aplicado distribuciones tipo triangular a todas las celdas de color oscuro especificando los valores esperados, MEP y PEP. Veamos un ejemplo: El primer valor distribuido es el de Zapato Mujer Tipo M1 a precio esperado de 34 $ y con un objetivo de ventas de 568 unidades. El modelo expresa en la tabla que en el mejor de los casos se podría vender hasta los 36 $ como máximo pero el precio podría bajar hasta 29 $ debido a la presión de la competencia. Por otra parte, decir que la fluctuación de unidades en alta ya que se esperan vender 568 unidades, pero como máximo y en el mejor de los casos se podrían vender 1000 y si todo fuese mal las ventas podrían caer hasta las 100 unidades únicamente.

Entendiendo este ejemplo procederemos a aplicar distribuciones triangulares con Argo tal y como indica la Tabla 8 a todas las celdas de color oscuro.

Los resultados de certidumbre para obtener más de 63 $/acción se muestran aquí:

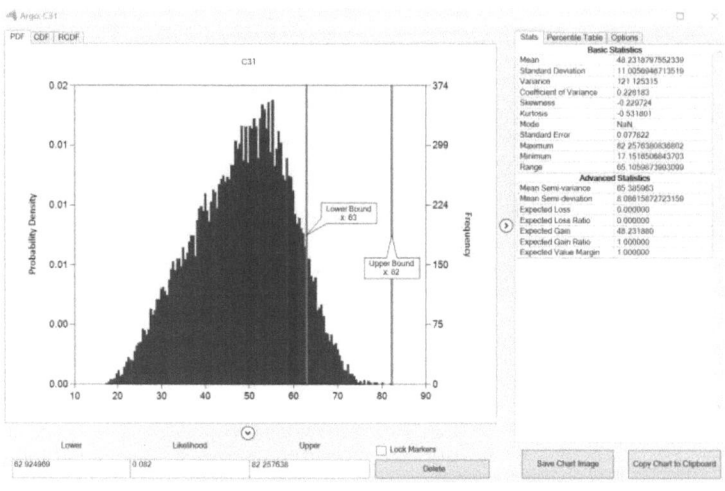

Figura 14. Resultados sobre el BPA

Como se aprecia solo existe un 8% de probabilidades de llegar a estos objetivos de BPA (63 $).

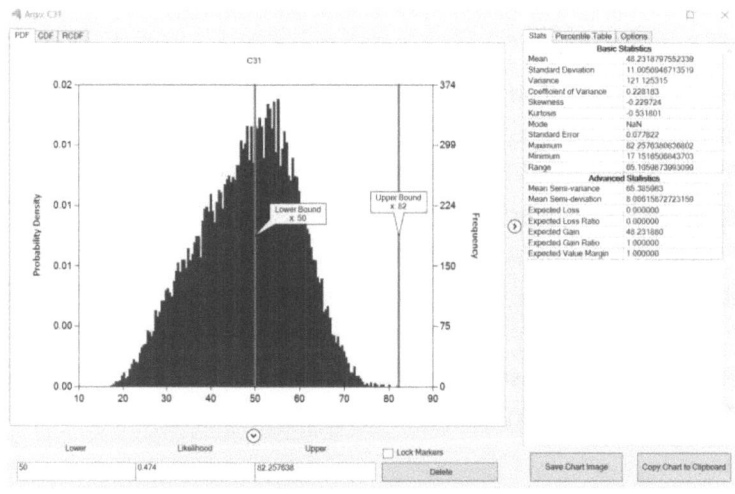

Figura 15. Certidumbre de obtener más de 50$/acción

En cambio, hay un 47,4% de certidumbre en que se pueda alcanzar el mínimo de 50.00$

Análisis de impacto de cada variable.

Se procede a generar un gráfico tipo Tornado usando la opción "Sensitivity -> OAT Effects" el cual nos muestra lo siguiente:

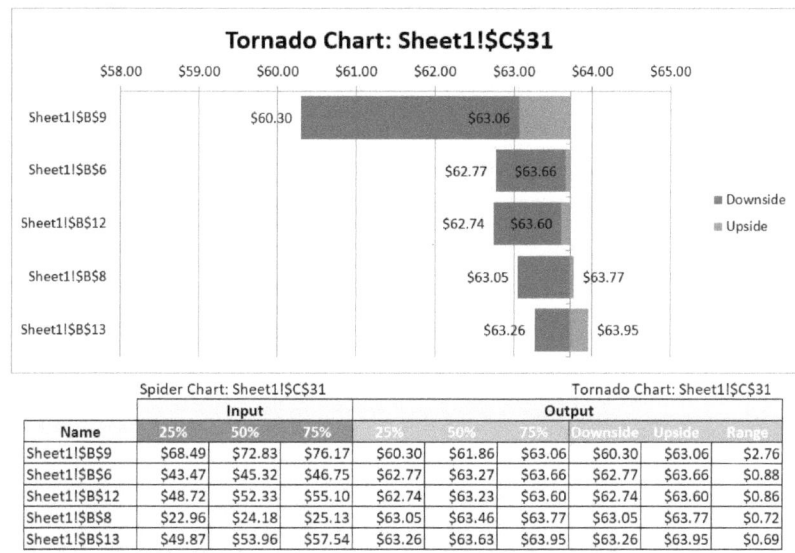

Figuras 16 y 17. Gráfico Tornado y tabla detalle sobre el impacto de cada variable

Zapato Deportivo Tipo D1	$ 78.00	12000	$ 936,000.00	$ 80.00	$ 58.00	15000	10000

Tabla 13. Detalle de la variable Zapato deportivo Tip0 D1

Tabla 13. Detalle de la variable Zapato deportivo Tipo D1

Como se aprecia se espera llegar a vender 12000 unidades a 78$ por par de zapatos deportivos tipo D1. El problema con este producto es que arroja una alta volatilidad ya que los precios podrían oscilar entre 80$ máximo en el mejor de los casos, pero podrían bajar hasta 58$ dado el empuje de la competencia. Además, también hay alta volatilidad (riesgo) en las unidades de venta ya que estas fluctúan entre 10.000 como mínimo y 15.000 como máximo.

5.3. APLICACION #3. CÁLCULO Y MEDICIÓN DE RIESGOS APLICADO A UNA CUENTA DE EXPLOTACIÓN DESGLOSADA POR CUENTAS DE CLIENTES (GRANDES CUENTAS Y B2B). ANÁLISIS SOBRE BENEFICIOS NETOS Y BENEFICIOS POR ACCIÓN PROBABILIDADES DE ALCANZAR OBJETIVOS Y CERTIDUMBRE ESTADÍSTICA.

Imaginemos que esta empresa es una Universidad con ánimo de lucro que recibe estudiantes de universidades extranjeras. Cada universidad extranjera paga directamente a nuestra universidad un importe por enviar a sus estudiantes a que estudien un periodo anual en nuestro campus (pueden verse los importes en las celdas abajo a la derecha junto con los estudiantes enviado por cada universidad).

De esta manera vemos que nuestra universidad genera dinero por cada universidad extranjera colaboradora siendo estas un total de 5. La columna *"income*: muestra los ingresos por cuenta (o universidad) acumulando en ventas/ingresos un total de un poco más de 4 millones de $.

Los costes asociados son salarios, contribuciones y mantenimientos, profesorado y alquileres de las instalaciones. Además, la universidad en este departamento especifico se deduce 25.000$ en concepto de depreciación y paga un 25% de impuesto de sociedades.

Al estar constituida como entidad con ánimo de lucro la universidad tiene un total de 100.000 acciones. La dirección acordó el año pasado repartir 500.000$ en dividendos.

					BEST-CASE SCENARIO	WORST-CASE SCENARIO
CLIENT/ACCOUNT	Chances of non-payment	Expected income	Negative impact	Income	Total sales	Total sales
Univ. Arizona	0.00%	$ 1,050,000.00	$ -	$ 1,050,000.00	$ 1,200,000.00	$ 700,000.00
Univ. Nebraska	0.00%	$ 1,600,000.00	$ -	$ 1,600,000.00	$ 1,200,000.00	$ 1,800,000.00
Swiss Business School	0.00%	$ 180,000.00	$ -	$ 180,000.00	$ 180,000.00	$ 180,000.00
Oxford University	0.00%	$ 600,000.00	$ -	$ 600,000.00	$ 600,000.00	$ 400,000.00
University of Harvard	0.00%	$ 665,000.00	$ -	$ 665,000.00	$ 800,000.00	$ 250,000.00
	0	$ 4,095,000.00	$ -	$ 4,095,000.00		

Costs	0	Expected			Best-case scenario	Worst-case scenario
Salaries		$350,000.00				
Utilities		$12,000.00				
Faculy		$890,000.00				
Rental of facilities		$150,000.00				
Total		$1,402,000.00				

EBITDA EXPECTED		$2,693,000.00				
Depreciation and Amort		$25,000.00			# Students sent	Payment/student
Interest		$90,000.00		Univ. Arizona	150	$ 7,000.00
EBT		$2,578,000.00		Univ. Nebraska	200	$ 8,000.00
Corporate Taxes	25.00%	$644,500.00		Swiss Business School	20	$ 9,000.00
Net Earnings Expected		$1,933,500.00		Oxford University	50	$ 12,000.00
Total Shares		100,000		University of Harvard	35	$ 19,000.00
Preffered Dividends		$500,000.00				
Earnings Per Share (EPS)		$14.34				
Minimum Net Earnings Accepted (M		$12.00				

Tabla 14. Detalle Inicial con escenarios

Como se aprecia en la tabla los ingresos esperados son de 4,095.000 USD y al lado podemos ver las fluctuaciones posibles teniendo en cuenta el mejor escenario posible y el peor. (Best and Worst Case Scenario).

Una vez creado el modelo, vamos a entrar las distribuciones siguiendo los procesos del modelo anterior. Las distribuciones triangulares en este caso a aplicar serán las siguientes:

	Income
$	1,050,000.00
$	1,600,000.00
$	180,000.00
$	600,000.00
$	665,000.00

Tabla 15. Detalle de ingresos

La aplicación de una primera distribución triangular en la primer celda de la tabla 15 muestra que la Universidad de Arizona fluctúa entre aportar ingresos a nuestra empresa entre 700.000$ y 1,200.000$, esperando una media de 1,05.000$. Queda expresado en Argo y Excel como formula
=RtaTRIANGULAR(700000,1050000,1200000)

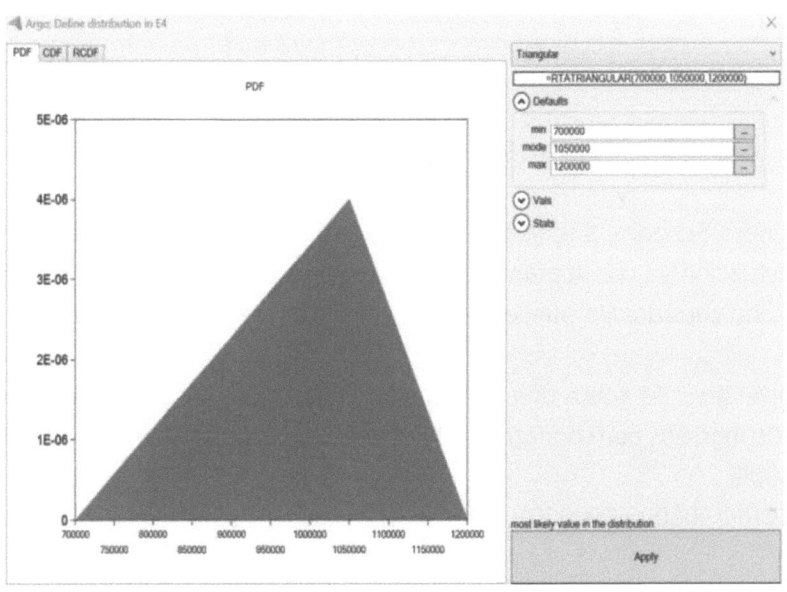

Figura 18. Detalle de Triangular Univ. Arizona

Univ. Nebraska y sus fluctuaciones posibles en ingresos generados quedan expresados por la formula: =RtaTRIANGULAR(1200000,1600000,1800000)

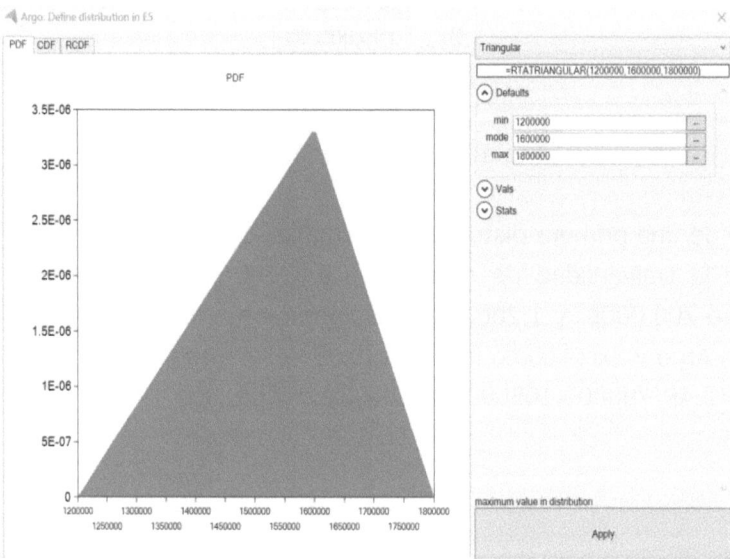

Figura 19. Detalle de Univ. Nebraska

Swiss Business School y sus fluctuaciones posibles en ingresos generados. No hay posible fluctuación ya consideramos que la universidad ya ha pagado por adelantado y está ya todo cerrado. No puede haber variabilidad o sea, no existe riesgo alguno.

Oxford University. Se aplica una distribución uniforme en la que no se darán más de 600.000$ de ingresos pero por otra parte esto podría bajar hasta 400.000$. Expresado con la formula
=RtaUNIFORM(400000,600000)

| | E7 | | × ✓ fx | =RtaTRIANGULAR(400000,600000,600000) | | |

	A	B	C	D	E	
1						
2						
3	CLIENT/ACCOUNT	Chances of unpayment	Expected income	Negative impact	Income	
4	Univ. Arizona	0.00%	$ 1,050,000.00	$ -	$ 1,050,000.00	$
5	Univ. Nebraska	0.00%	$ 1,600,000.00	$ -	$ 1,600,000.00	$
6	Swiss Business School	0.00%	$ 180,000.00	$ -	$ 180,000.00	$
7	Oxford University	0.00%	$ 600,000.00	$ -	$ 600,000.00	$
8	University of Harvard	0.00%	$ 665,000.00	$ -	$ 665,000.00	$
9						

Tabla: 16 Detalle de clientes/universidades

En la Universidad Harvard se aplica una distribución triangular =RtaTRIANGULAR (250000,665000,800000)

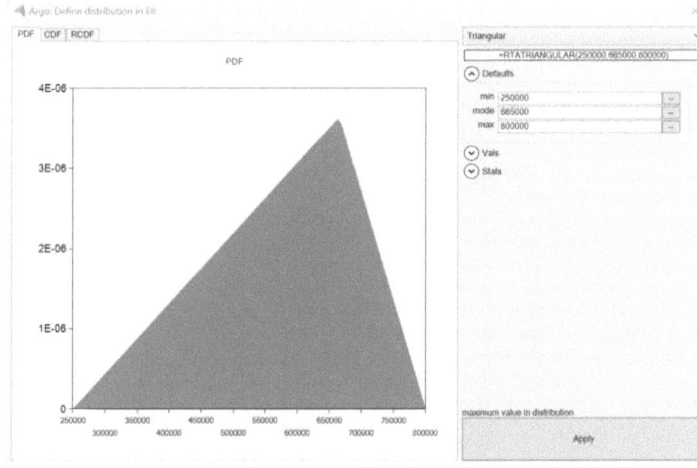

Figura 20. Potenciales ingresos de Harvard University

No se tendrán en cuenta variaciones de ninguna variable más. Únicamente se entran distribuciones asociadas a las anteriores universidades (clientes). A partir de ahora se usarán las celdas en oscuro/color como "resultado/ result"

EBITDA EXPECTED		$2,693,000.00
Depreciation and Amort		$25,000.00
Interest		$90,000.00
EBT		$2,578,000.00
Corporate Taxes	25.00%	$644,500.00
Net Earnings Expected		$1,933,500.00
Total Shares		100,000
Preffered Dividends		$500,000.00
Earnings Per Share (EPS)		$14.34
Minimum Net Earnings Accepted (MNEA)		$12.00

Tabla 17. Cuenta Explotación parte baja a partir de EBIDTA

En el "Analysis Wizard" de Argo se deberán marcar las celdas de nuestros resultados para posteriormente clicar en el icono de debajo de la derecha. Véase la siguiente figura

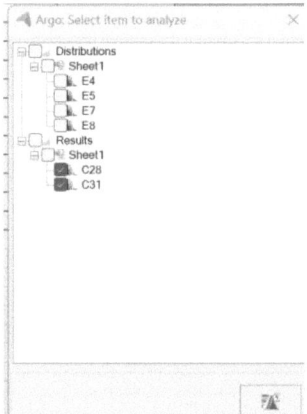

Figura 21. Analysis Wizard

Resultados de la simulación con 10.000 iteraciones sobre los resultados netos de la empresa (Net Earnings). Como vemos solo existen 11% de probabilidades de que alcancemos los resultados esperados de 1,9 Mill.$.

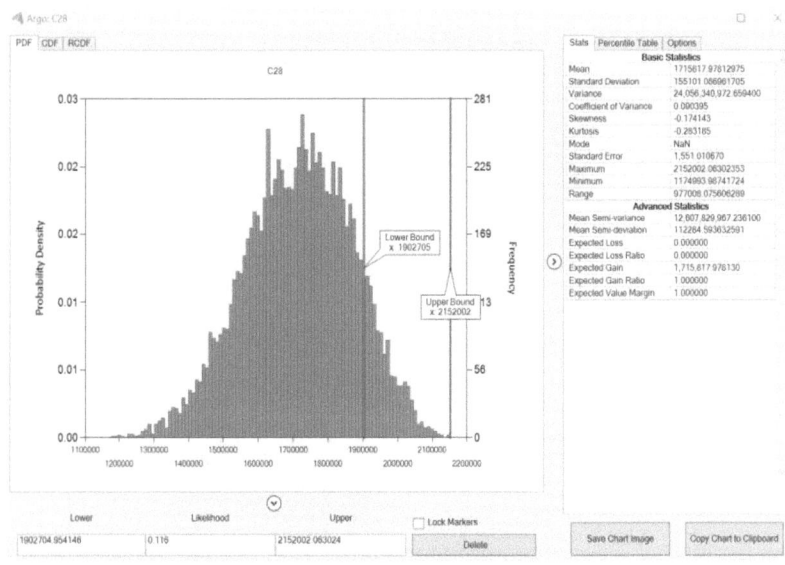

Figura 22. Certidumbre de llegar al mínimo de a 1,9 Mill. $

Resultados asociados al Beneficio Por Acción (BPA/EPS).

Algo parecido ocurre con los EPS (Beneficios por acción, BPA). En el siguiente grafico vemos que hay un 90% de probabilidades de que el BPA oscile entre un mínimo de 9.53$ /acción y un máximo de 14.61$/acción.

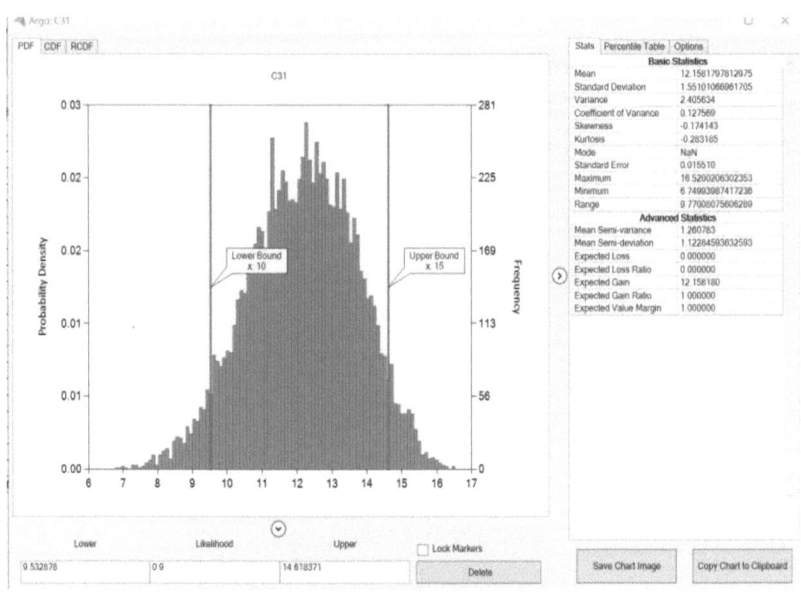

Figura 23. Mínimos y máximos al 90%

En cuanto a los MNEA, estos vienen dados en el Excel original en base al BPA mínimo que es de 12$. Se muestran en la siguiente figura.

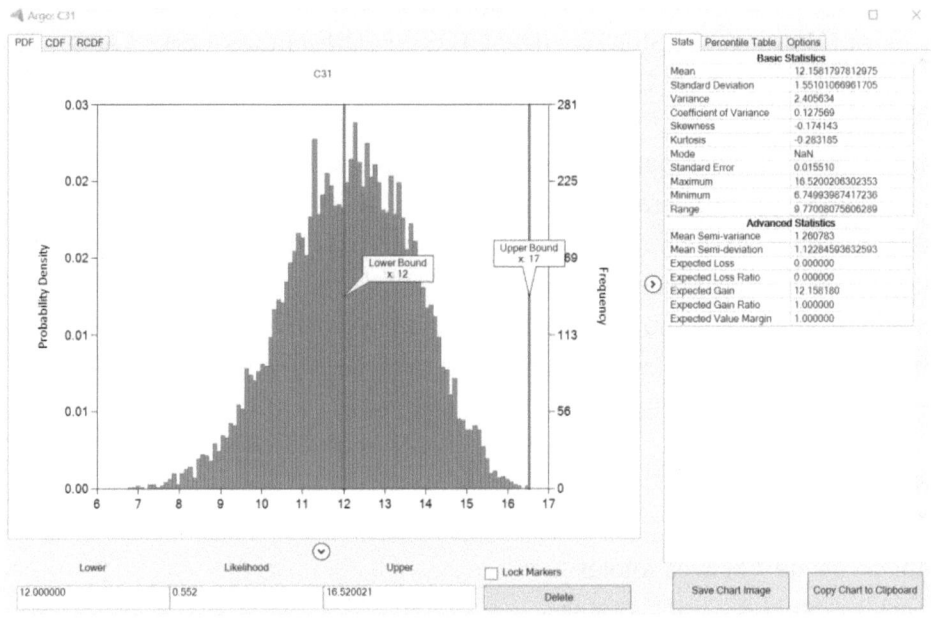

Figura 24. Mínimo de obtener 12$ como BPA

Hay un 55% de certidumbre en conseguir mas de 12$/acción de beneficio. El máximo posible podría ser hasta 16 $/acción como indica el grafico.

5.4. APLICACION #4. CÁLCULO Y MEDICIÓN DE RIESGOS APLICADO A UNA CUENTA DE EXPLOTACIÓN TENIENDO EN CUENTA AL SCORE Z DE ALTMAN Y POSIBLES IMPACTOS ECONÓMICOS EN CASO DE BANCARROTA DE CLIENTES

La fórmula Altman Z-score para predecir bancarrotas fue publicada en 1968 por Edward I. Altman cuando era Profesor Asistente de Finanzas en la New York University. La fórmula se usa para predecir la probabilidad de una empresa de caer en bancarrota en los próximos dos años. Los Z-scores se usan para predecir las quiebras empresariales y como una sencilla medida de control del estrés financiero de las compañías en los estudios académicos. La fórmula usa múltiples valores de los balances para medir la salud financiera de una compañía.

Definición de la formula

X_1=capital circulante / activos totales
X_2=ganancias retenidas / activos totales
X_3=ganancias antes de impuestos e intereses / activos totales
X_4=capitalización bursátil / pasivo total
X_5=ventas / activos totales

Z-score modelo de bancarrota:

$Z=1.2X_1 + 1.4X_2 + 3.3X_3 + 0.6X_4 + 1X_5$
Zonas de discriminación:

- ✓ $Z > 2.99$ – zona "segura"
- ✓ $1.81 < Z < 2.99$ – zona "gris"
- ✓ $Z < 1.81$ – zona "peligrosa"

Imaginemos que trabaja usted en una empresa que es suministradora de grandes proyectos de maquinaria industrial. Cada proyecto es de más de 10 Mill. de $. Los proyectos se venden tras largas y complejas negociaciones a empresas multinacionales y a pymes. Los proyectos son siempre a largo plazo y la empresa intenta garantizar cobros a través de mecanismos de cobertura internacional tradicionales, pero podría estar en peligro, tanto de no cobrar nada por algún proyecto o de alguna parte de alguno de sus proyectos en el caso de que alguna empresa cliente se declarase en bancarrota en medio del proyecto.

A tal efecto ha sido creada esta tabla que ha sido elaborada con Excel y en la cual se puede ver la cuenta de resultados esperada.

CLIENT/ACCOUNT	Chances of unpayment	Expected income	Negative impact	Income	BEST-CASE SCENARIO Total sales	WORST-CASE SCENARIO Total sales
MNC1	10.00%	$ 11,000,000.00	$ 1,100,000.00	$ 9,900,000.00	$ 11,000,000.00	$ 5,000,000.00
MNC2	30.00%	$ 16,700,000.00	$ 5,010,000.00	$ 11,690,000.00	$ 16,700,000.00	$ 10,000,000.00
SME1	0.00%	$ 20,000,000.00	$ -	$ 20,000,000.00	$ 20,000,000.00	$ 20,000,000.00
SME2	0.00%	$ 45,000,000.00	$ -	$ 45,000,000.00	$ 65,000,000.00	$ 40,000,000.00
SME3	20.00%	$ 62,000,000.00	$ 12,400,000.00	$ 49,600,000.00	$ 62,000,000.00	$ 10,000,000.00
	0 $	154,700,000.00	$ 18,510,000.00	$ 136,190,000.00		
Costs	0	Expected			Best-case scenario	Worst-case scenario
Costs category 1		$20,000,000.00				
Costs Category 2		$13,000,000.00				
Costs Category 3		$45,000,000.00				
Costs Category 4		$10,000,000.00				
Total		$88,000,000.00				

EBITDA EXPECTED		$48,190,000.00
Depreciation and Amort		$0.00
Interest		$900,000.00
EBT		$47,290,000.00
Corporate Taxes	20.00%	$9,458,000.00
Net Earnings Expected		$37,832,000.00
Total Shares		1,000,000
Preffered Dividends		$0.00
Earnings Per Share (EPS)		$37.83
Minimum EPS Accepted		$18.00

Tabla 18. Modelo inicial empresa susceptible de bancarrota en sus clientes

Se puede apreciar que la segunda columna (chances of non-payment) expresa las probabilidades de que una empresa entre en bancarrota en medio del proyecto. Como se ve solo las empresas MNC1, MNC2 Y SME3 están en esta situación. Así pues, ha habido que ajustar el ingreso en estos tres casos creando un ajuste por impacto negativo en la cuarta columna. (negative impact)

Tras aplicar la formula del score Z podemos ver los siguientes resultados. Las empresas MNC1, MNC2 y SME3 tienen un score de Altman de $Z < 1.81$ – lo cual indica que están en una zona "peligrosa"., así pues se ha descontado y provisionado un % en la columna "chances of unpayment" (probabilidades de no pagar).

Como se puede apreciar se ha ajustado la cuenta de explotación previsional. Esta vez vamos a mostrar directamente (sin los pasos explicados en la aplicación #1) los resultados de 10.000 iteraciones simuladas usando distribuciones triangulares únicamente en las 3 empresas susceptibles de quiebra.

Veamos los resultados finales en base a Beneficios netos y BPA

Las iteraciones basadas en distribuciones triangulares se han aplicado a las celdas de la columna "Income".

CLIENT/ACCOUNT	Chances of unpayment	Expected income	Negative impact	Income	Total sales	Total sales
MNC1	10.00%	$ 11,000,000.00	$ 1,100,000.00	$ 9,900,000.00	$ 11,000,000.00	$ 5,000,000.00
MNC2	30.00%	$ 16,700,000.00	$ 5,010,000.00	$ 11,690,000.00	$ 16,700,000.00	$ 10,000,000.00
SME1	0.00%	$ 20,000,000.00	$ -	$ 20,000,000.00	$ 20,000,000.00	$ 20,000,000.00
SME2	0.00%	$ 45,000,000.00	$ -	$ 45,000,000.00	$ 65,000,000.00	$ 40,000,000.00
SME3	20.00%	$ 62,000,000.00	$ 12,400,000.00	$ 49,600,000.00	$ 62,000,000.00	$ 10,000,000.00

Tabla 19. Valores en los que se han aplicado la distribución

Resultados finales tras la simulación.

En la siguiente figura se aprecia que hay un 90% de certidumbre de que el resultado de beneficios netos que la empresa obtenga seste entre los 20 Mill. $ y los 43 Mill. $

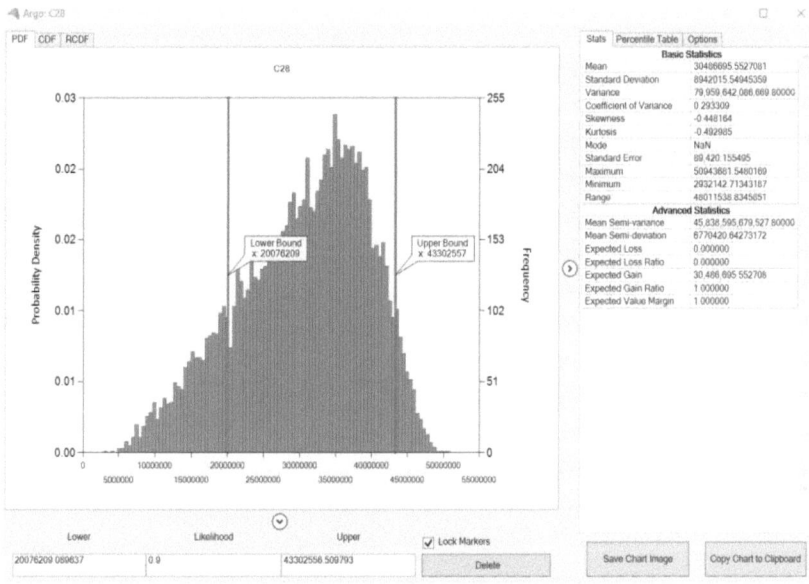

Figura 25. Rango de resultados en Beneficios Netos

Los gráficos indican que las probabilidades estadísticas y matemáticas de llegar a esos 37.8 Mill. $ deseados o esperados de beneficio son solo de un 22%. Así que habrá que reorientar esfuerzos y volver a objetivar la cuenta de explotación. En cualquier caso, son números verdaderamente arriesgados en cuanto a su consecución.

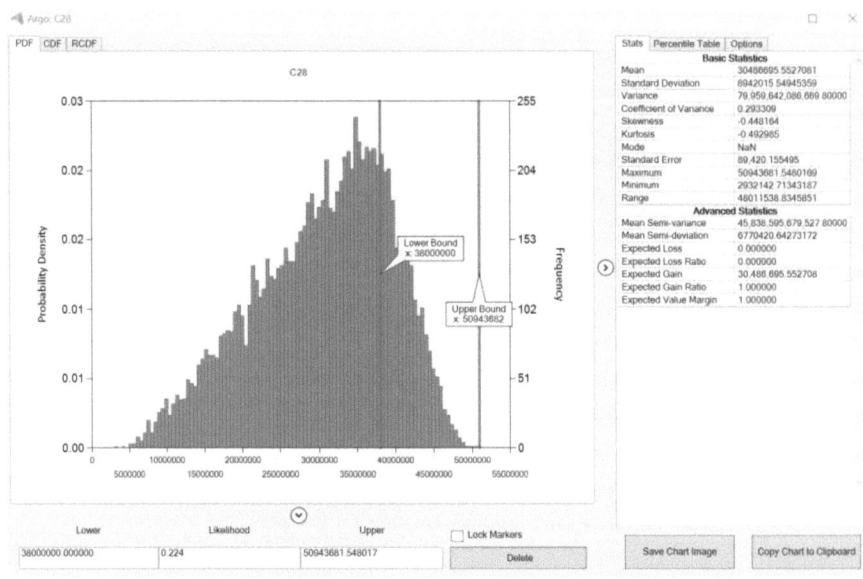

Figura 26. Certidumbre en llegar a los resultados esperados de Beneficios Netos

5.5. APLICACIÓN #5. CÁLCULO Y MEDICIÓN DE RIESGOS APLICADO SOBRE EL CASH FLOW

Teniendo en cuenta la importancia del cash Flow y siendo conscientes de que la gestión adecuada del cash Flow es esencial para garantizar que una empresa tenga suficiente liquidez para cubrir sus obligaciones financieras y operativas a corto plazo, además de financiar el crecimiento y las inversiones a largo plazo se ha desarrollado una posible aplicación de riesgo sobre este concepto financiero.

Siendo una de las varias posibles fórmulas de cash Flow la siguiente:

<u>Cash Flow = Beneficio + Amortizaciones + Provisiones</u>

Debemos conocer hasta qué punto conseguiremos nuestro objetivo de cerrar el mes de Junio con un Cash Flow acumulado de 4,9 Mill. $

Para esto hemos elaborado esta tabla que muestra los datos asociados a nuestro Cash Flow. En la siguiente tabla vemos la evolución esperada de los beneficios desde enero hasta Junio, así como los resultados procedentes de las hipótesis de escenarios pesimistas y optimistas. Los números en negrita pertenecen a las variables que fluctúan y aportan volatilidad e incertidumbre.

	Primer Semestre Annual 2024						
	Enero	Feb	Mar	Abril	Mayo	Junio	
Beneficios	€ 560,000.00	€ 780,000.00	€ 450,000.00	€ 800,000.00	€ 1,100,000.00	€ 550,000.00	
Amortiz	€ 120,000.00	€ 67,000.00	€ 56,000.00	€ 79,000.00	€ 110,000.00	€ 11,000.00	
Provisiones	€ 40,000.00	€ 50,000.00	€ 45,000.00	€ 45,000.00	€ 50,000.00	€ 35,000.00	Total CF
Cash Flow	€ 720,000.00	€ 897,000.00	€ 551,000.00	€ 924,000.00	€ 1,260,000.00	€ 596,000.00	€ 4,948,000.00

Tabla 20. Sobre Modelo de Evolución Cash Flow Semestre Enero-Junio 2024

	Enero	Feb	Mar	Abril	Mayo	Junio
Beneficios Esperados	€ 560,000.00	€ 780,000.00	€ 450,000.00	€ 800,000.00	€ 1,100,000.00	€ 550,000.00
Escenario Mejor	€ 700,000.00	€ 890,000.00	€ 630,000.00	€ 900,000.00	€ 1,130,000.00	€ 600,000.00
Escenario Peor	€ 250,000.00	€ 560,000.00	€ 300,000.00	€ 500,000.00	€ 800,000.00	€ 500,000.00

Tabla 21. Beneficios Esperados y escenarios mejor y peor enero-junio 2024

En cuanto a las provisiones también hay cierta volatilidad en los meses de marzo y abril así que se muestra los posibles escenarios esperados, mejores y peores en la siguiente tabla

	Marzo	Abril
Provisiones Esperadas	€ 45,000.00	€ 45,000.00
Escenario Mejor	€ 30,000.00	€ 30,000.00
Escenario Peor	€ 55,000.00	€ 70,000.00

Tabla 22. Escenarios de Provisiones

Así pues, procedemos a simular con el método de Monte Carlo y con Argo (de nuevo) esperando un resultado de cash Flow acumulado al Final de Junio de 4,9 Mill. de $.

Tras obtener los resultados de la simulación de 10.000 iteraciones vemos que solo existe una certidumbre de un 14% de para llegar a ese nivel de Cash Flow.

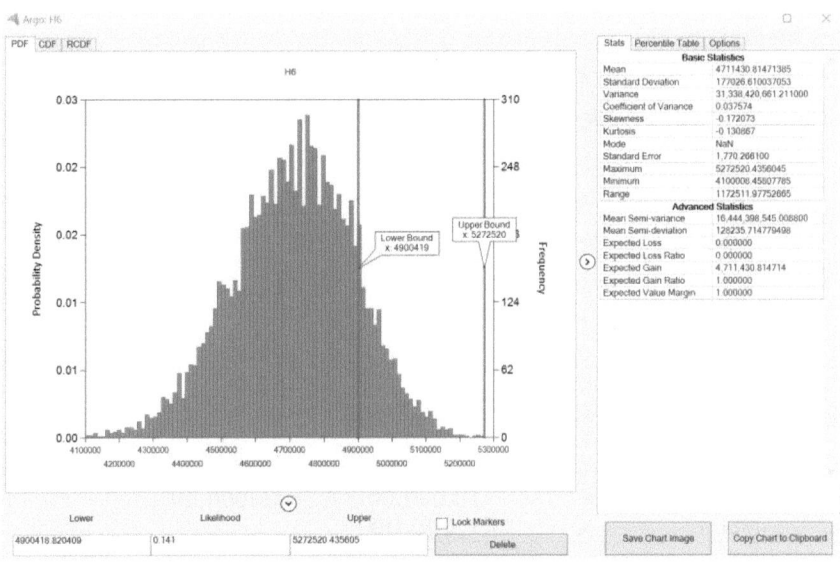

Figura 27. Certidumbre en llegar al resultado esperado de Cash Flow

5.6.   APLICACION #6. CÁLCULO Y MEDICIÓN DE RIESGOS APLICADO A UN PORTAFOLIO DE INVERSIONES

Imaginemos que es usted un inversor o un gestor de patrimonios. En este momento ha creado una cartera de inversión para un cliente que suma 341,000 $. El cliente tiene como objetivo obtener en los próximos 12 meses una rentabilidad del 13% bruta (antes de impuestos).

La composición de la cartera de inversión es la siguiente:

Name	Tipo	Valor		Valor Max	Valor Min
Iberdrola	Stock	€	23,000.00	€ 27,000.00	€ 12,000.00
Fluidra	Stock	€	45,000.00	€ 58,000.00	€ 40,000.00
Apple	Stock	€	39,000.00	€ 41,000.00	€ 35,000.00
Microsoft	Stock	€	120,000.00	€ 150,000.00	€ 90,000.00
US Bonds	*Renta Fija*	€	*35,000.00*	*Sin cambio*	*Sin cambio*
Obligaciones	*Renta Fija*	€	*37,000.00*	*Sin cambio*	*Sin cambio*
Bitcoin	Crypto	€	10,000.00	€ 30,000.00	€ 1,000.00
Ethereum	Crypto	€	14,000.00	€ 22,000.00	€ 10,000.00
Futuro 1	Derivado	€	18,000.00	€ 45,000.00	€ 100.00
	Total	**€**	**341,000.00**		

Tabla 23-24. Desglose de cartera de inversión

Teniendo en cuenta que el objetivo es obtener ese 13% eso significaría que el montante invertido debería aumentar hasta 375.000 $, así que ese será nuestro objetivo. En este caso hemos aplicado volatilidad a únicamente 7 de los 9 productos financieros que se hallan en la cartera, ya que dos de ellos garantizan un 3% fijo. (Renta Fija)

La cartera deberá evolucionar positivamente aportando a final de los 12 meses un 10% adicional en los otros 7 valores que fluctúan y son de renta variable.

A continuación, podemos ver los valores de compra de todos los activos financieros, máximos y mínimos tenidos en cuenta su volatilidad histórica en los pasados 12 meses.

Resultados obtenidos tras la simulación de 10.000 iteraciones con Argo:

Como podemos ver en la próxima tabla hay un 65% de certidumbre estadística de que estos 7 activos nos ofrezcan una cierta rentabilidad, al menos no perder dinero de nuestra inversión inicial.

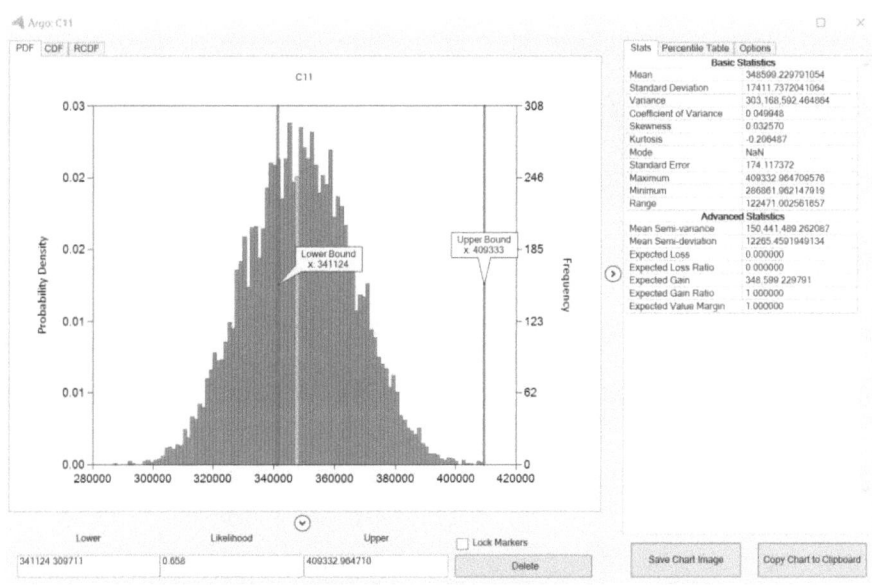

Figura 28, Certidumbre de no perder dinero en la cartera

Si deseamos llegar con estos 7 valores que fluctúan a un valor de 375.000 $ (un mínimo de un 10% de rentabilidad sobre el montante invertido) veremos que la certidumbre es de 0,06 o sea de un 6% únicamente.
Está claro con este ejercicio que no se prevé que perdamos dinero (habiendo solo un 35% de certidumbres en perder dinero) pero aun así, en esta inversión no llegara a darnos ese 13% esperado en total (o el 10% esperado en los 7 valores de renta variable).

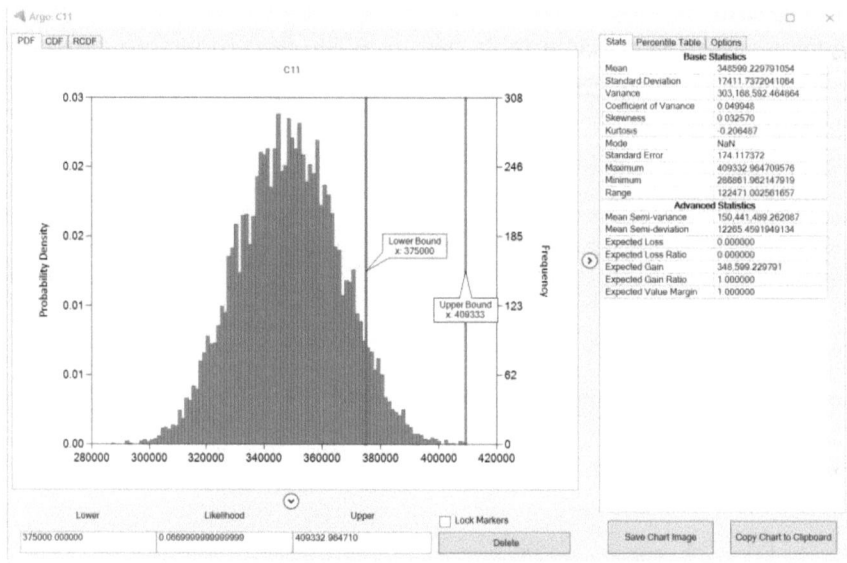

Figura 29. Certidumbre de obtener un 10-13% de rentabilidad en la cartera

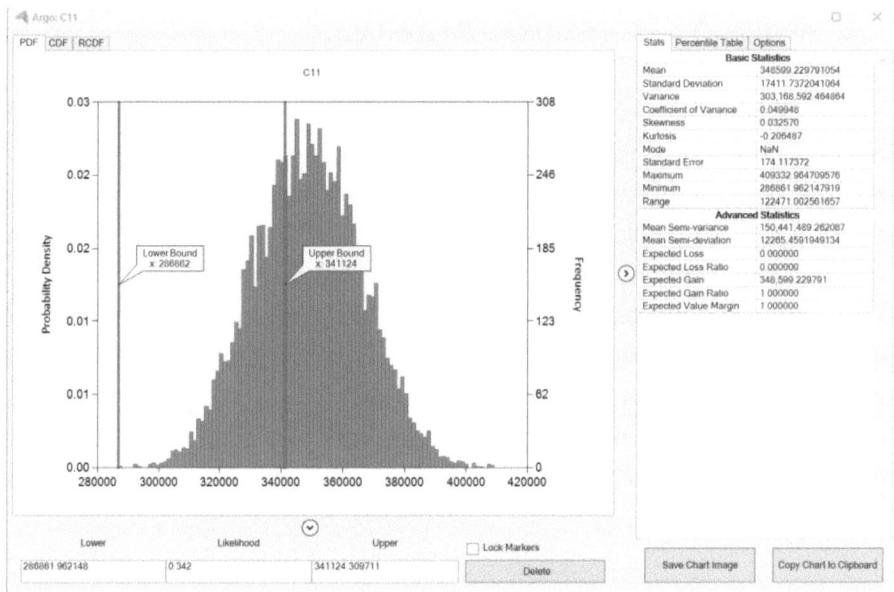

Figura 30. Certidumbre de perder dinero en la cartera y máxima perdida potencial

5.7.

5.8. APLICACION #7. APLICACIÓN 7. CÁLCULO Y MEDICIÓN DE RIESGOS APLICADO A PROFESIONALES LIBERALES

Juan es un abogado mercantil que vende sus servicios a empresas. Trabaja regularmente con 5 compañías a las que factura sus servicios legales. Unas empresas requieren sus servicios más a menudo y le llaman frecuentemente, por ejemplo, la empresa #5 (en la última fila), ha requerido de sus servicios el último año 12 veces, mientras que otras como la empresa #4 solo le ha contratado 2 veces. También factura diferente en cada caso y en la columna Price (Precio) se puede ver el precio de cada servicio. Así pues, hemos creado una muy básica tabla en la que se aprecia sus expectativas de ingresos para el próximo año.

Nota: los datos que aparecen en **negrita** son las variables que fluctúan en el modelo y sobre las que se les aplica una distribución.

	Units	Price	Income Total estimated
Services for company 1	**9**	$ 3,500.00	$ 31,500.00
Services for company 2	**4**	$ 5,625.00	$ 22,500.00
Services for company 3	5	$ 2,000.00	$ 10,000.00
Services for company 4	2	**$ 3,700.00**	$ 7,400.00
Services for company 5	12	**$ 1,000.00**	$ 12,000.00
		Total income	$ 83,400.00

Tabla 25. Desglose de servicios

A continuación, explicamos los escenarios esperados, mejor y peor en cada variable para incorporar en Argo la distribución triangula correspondiente

- ✓ La empresa 1 se espera que compre 9 unidades de servicio, pero quizás sean más o menos. El máximo seria 13 y como mínimo 7
- ✓ La empresa 2 se espera que compre 4 unidades de servicio, pero quizás sean más o menos. El máximo seria 5 y como mínimo 2.

✓ La empresa 4 se espera que compre a 3.700$, pero podría pagar menos o ser muy agresiva con el precio pidiendo descuentos de hasta un 20%

✓ La empresa 5 se espera que compre a 1000$, pero podría pagar hasta un 50% si está necesitada, pero hasta un 30% menos si tiene otros proveedores.

En base a estos datos se han vuelto a crear simulaciones y los resultados muestran que hay un 90% de certidumbre de que sus resultados el próximo año se encuentren entre 74.000 $ y 93.000 $

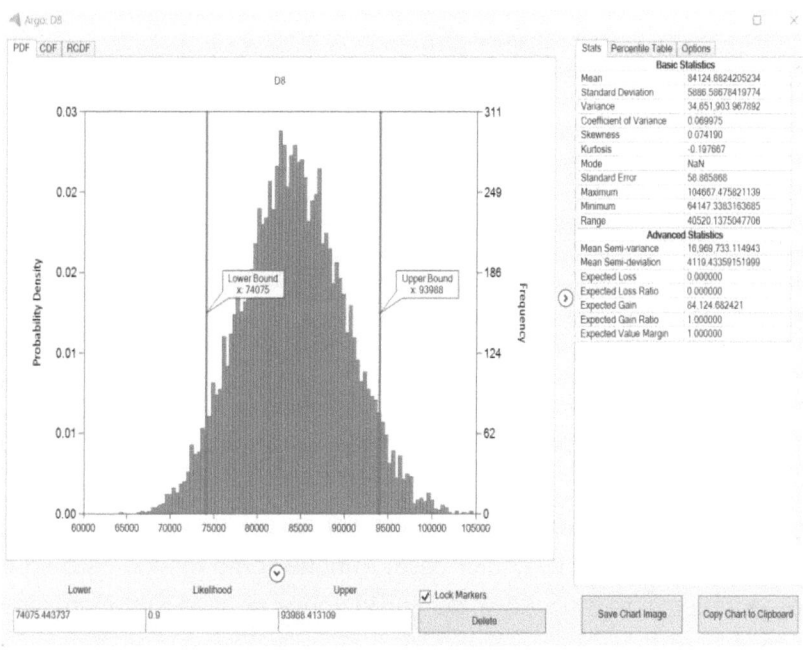

Figura 31. Análisis en una certidumbre del 90%

Teniendo en cuenta que nuestro abogado tiene como objetivo hacer lo mismo que el año pasado, es decir, facturar 83.400$, ¿cuál será la certidumbre estadística para llegar a ese objetivo? (es decir, facturar +83.000 $. La respuesta puede verse en la siguiente figura

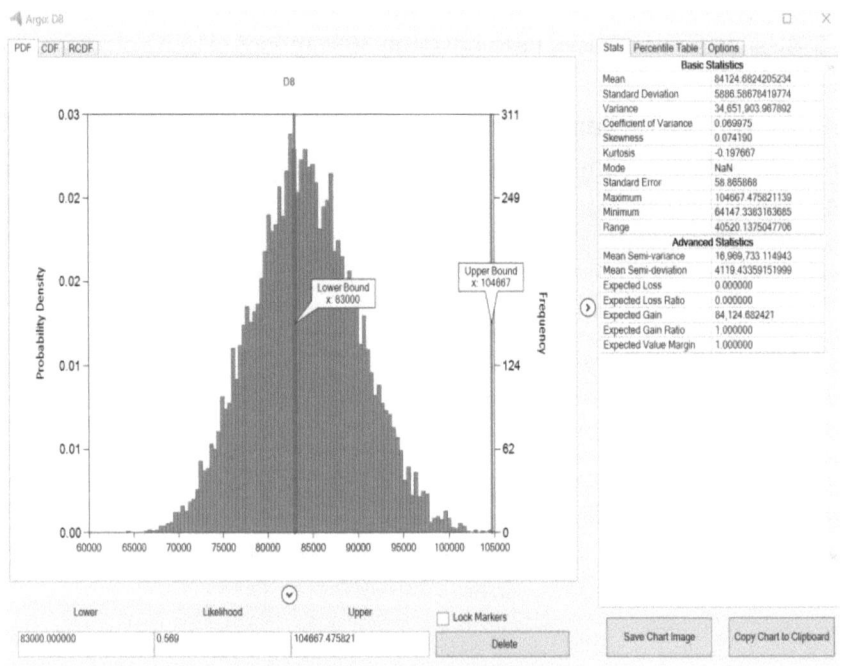

Figura 32. Certidumbre de facturar lo mismo que el año pasado

Existe una incertidumbre media ya que el valor obtenido es un 57% únicamente. Seria recomendable cautela en cualquier caso. Aunque como hemos visto en el uno de los gráficos anteriores hay un 90% de certidumbre de que sus ingresos estén entre 74.000$ y 93.000$

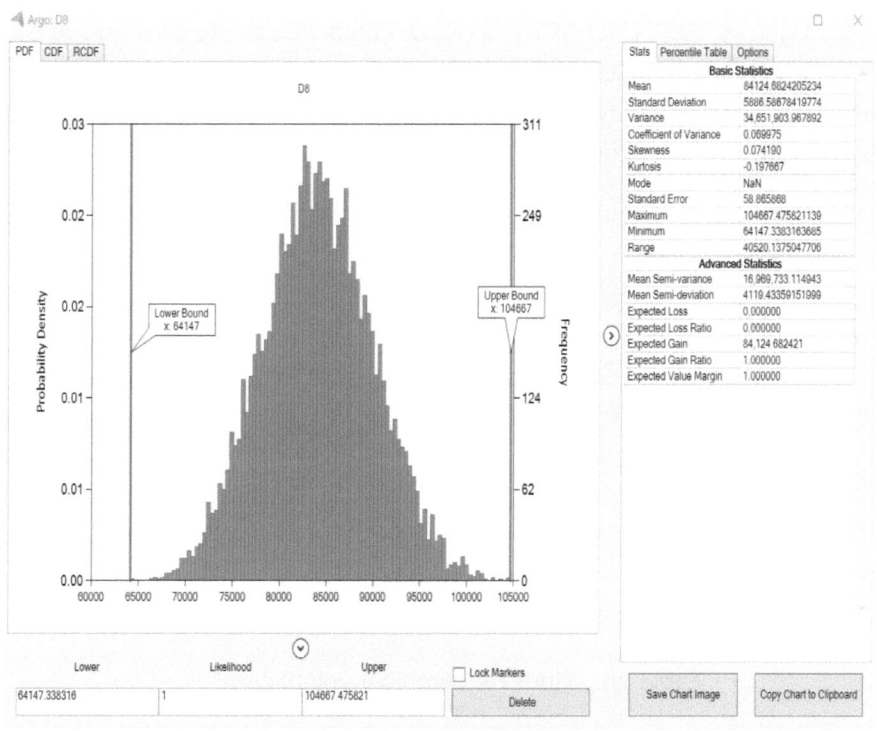

Figura 33. Rango de valores en la facturación que se va a obtener

Como se ve y aplicando 10 100% de probabilidades, los ingresos de Juan estarán entre un mínimo de 64.000$ y un máximo de 106.000$

5.9. APLICACION #8. Cálculo y medición de riesgos aplicado a Estrategias de Exportación y riesgo cambiario

Una empresa mediana llamada Glenn Carter Inc. de EE.UU tiene actividades de venta en 5 mercados exteriores los cuales son España, Reino Unido, Hong Kong, Japón y China. Recibe en un cierto periodo ingresos provenientes de esos países en las monedas de origen ($, GBP, HKD, JPY y CNY). Los tipos de cambio a los que se espera la conversión a la moneda y sus posibles fluctuaciones teniendo en cuenta datos de volatilidad de los últimos 12 meses de referencia son respecto al USD (Moneda de referencia para Glenn Carter Inc.) son los siguientes:

Currencies List		IMPORT CURRENCY	USD	Max	Min
Exporters Currency	USD				
Country 1 currency	EUR	1	**1.083**	1.12	0.99
Country 2 currency	GBP	1	**1.28**	1.34	1.17
Country 3 currency	HKD	1	**0.12**	0.14	0.11
Country 4 currency	JPY	1	**0.0065**	0.0071	0.0062
Country 5 currency	CNY	1	**0.13**	0.15	0.11
Country 6 currency		1			
Country 7 currency		1			
Country 8 currency		1			
Country 9 currency		1			
Country 10 currency		1			

Tabla 26., Tipos de cambio y volatilidad

A un tipo de cambio esperado (el que aparece en la columna USD de la anterior tabla) obtenemos ingresos especificados en la siguiente tabla en la primera fila. Esos ingresos en USD provienen de un tipo de cambio aplicado en base a los ingresos originales en la moneda de origen. Por ejemplo, se han obtenido del mercado español ingresos en ventas por valor de 250.000 EUR lo cual equivale a 270.750 USD, y así sucesivamente.

	SPAIN	UK	HONG KONG	JAPAN	CHINA	TOTAL
Sales revenue in USD	$ 270,750.00	$ 576,000.00	$ 720,000.00	$ 78,000.00	$ 455,000.00	$ 2,099,750.00
Sales revenue in international currency (Expected)	€ 250,000.00	£ 450,000.00	HKD 6,000,000.00	JPY 12,000,000.00	CNY 3,500,000.00	
Sales revenue in exporters currency	$270,750.00	$576,000.00	$720,000.00	$78,000.00	$455,000.00	$2,099,750.00
Export Sales margin as a % Expected	29.00%	44.00%	50.00%	50.00%	50.00%	60.00%
Export Sales margin as a % WCS						
Export Operational Profit (EOP)	**$78,517.50**	**$253,440.00**	**$360,000.00**	**$39,000.00**	**$227,500.00**	**$958,457.50**
Minimum Accepted Result (MAR)	$900,000.00					

Tabla 27. Conversiones divisas de origen a divisa de empresa del caso.

Ahora vamos a ver como afectaran las posibles fluctuaciones de las monedas extranjeras a nuestros objetivos. Vemos que hay un criterio MAR (Mínimo Aceptado) de 900.000 $ mientras que el esperado es de 958.457 $

También hemos fluctuado los márgenes de ventas obtenidos así que los resultados serían los siguientes

	Expected	Max	Min
Spain	29%	31%	27%
UK	44%	45%	40%
Kong Kong	50%	52%	43%
Japan	50%		
China	50%	60%	30%

Tabla 28. Márgenes Comerciales

Propuesta de simulación. Se aplicarán distribuciones solo a los valores en negrita.

	SPAIN	UK	HONG KONG	JAPAN	CHINA	TOTAL
Sales revenue in USD	$ 270,750.00	$ 576,000.00	$ 720,000.00	$ 78,000.00	$ 455,000.00	$ 2,099,750.00
Sales revenue in international currency (Expected)	€ 250,000.00	£ 450,000.00	HKD 6,000,000.00	JPY 12,000,000.00	CNY 3,500,000.00	
Sales revenue in exporters currency	$270,750.00	$576,000.00	$720,000.00	$78,000.00	$455,000.00	$2,099,750.00
Export Sales margin as a % Expected	29.00%	44.00%	50.00%	50.00%	50.00%	
Export Sales margin as a % WCS						
Export Operational Profit (EOP)	$78,517.50	$253,440.00	$360,000.00	$39,000.00	$227,500.00	$958,457.50
Minimum Accepted Result (MAR)	$900,000.00					

Currencies List		IMPORT CURRENCY	USD	Max	Min	
Exporters Currency	USD					
Country 1 currency	EUR	1	1.083	1.12	0.99	
Country 2 currency	GBP	1	1.28	1.34	1.17	
Country 3 currency	HKD	1	0.12	0.14	0.11	
Country 4 currency	JPY	1	0.0065	0.0071	0.0062	
Country 5 currency	CNY	1	0.13	0.15	0.11	

Tabla 29. Propuesta de Simulación

Resultados de la simulación (10.000 iteraciones):

Como se puede ver en el siguiente grafico hay un 90% de certidumbre de que el resultado final este entre 866.00 USD y 996.000 USD. Por lo que parece bastante correcto ya que nuestro objetivo mínimo está en 900.000 USD.

118

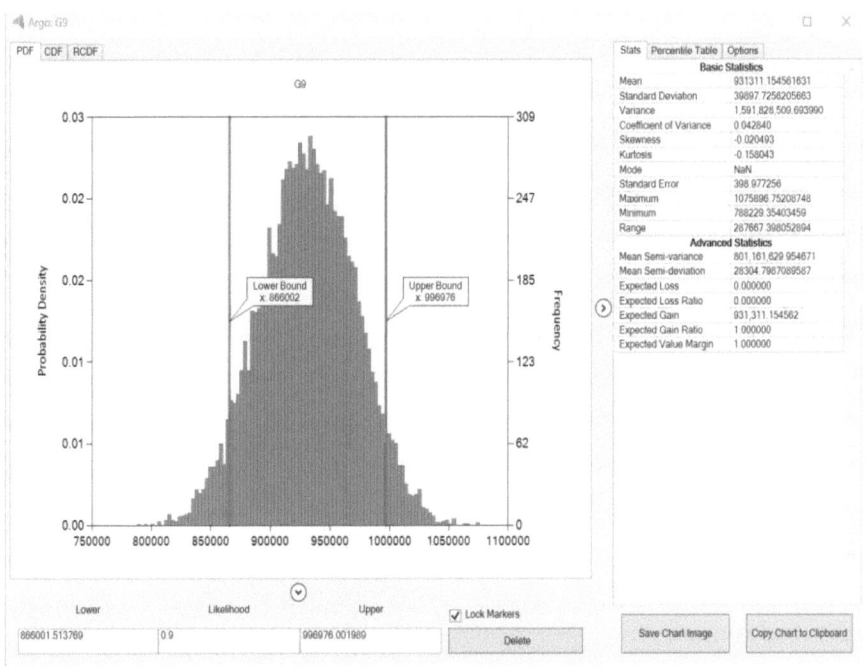

Figura 34. Rangos de resultados al 90% de certidumbre

La certidumbre asociada a llegar al mínimo requerido de 900.000 USD es de un 78% como se ve en a la siguiente figura, aunque baja significativamente a un 25% de certidumbre de poder conseguir el objetivo de 958.000 USD como se ve en la tabla que sigue

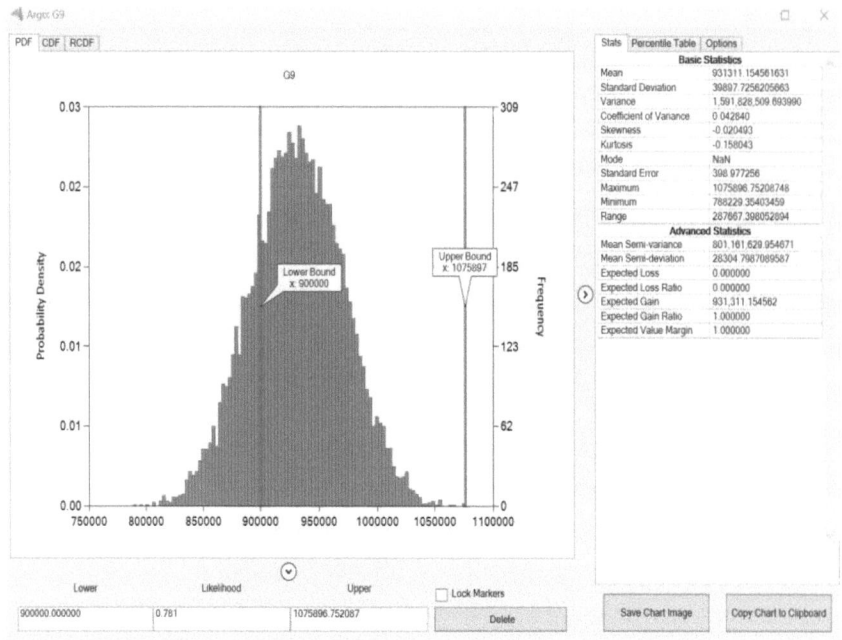

Figura 35. Certidumbre de conseguir el objetivo mínimo

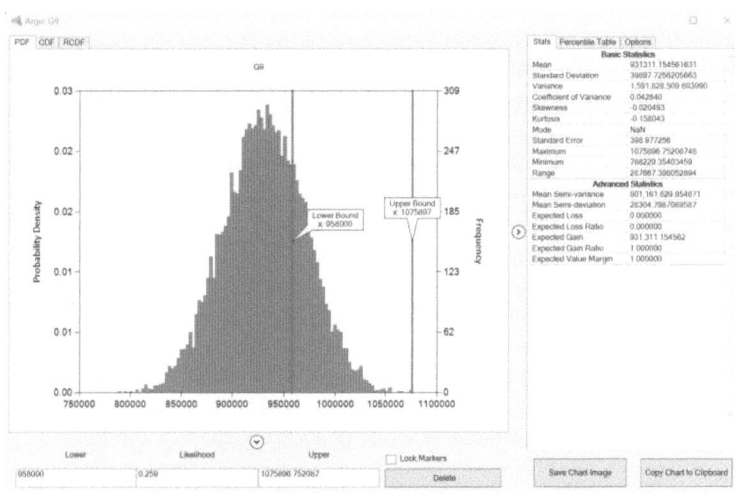

Figura 36. Certidumbre de conseguir el objetivo esperado Export Operational Profit (EOP)

¿Qué mercados y monedas son más peligrosos y tienen más impacto? En cuanto a la variabilidad de los márgenes comerciales vemos que son amenazas las celdas D8 (Hong Kong) y F8 (China).

Al mismo tiempo hay riesgo claro en la variable que aparece en la celda D19, es decir el tipo de cambio del HKD (Hong Kong dólar)

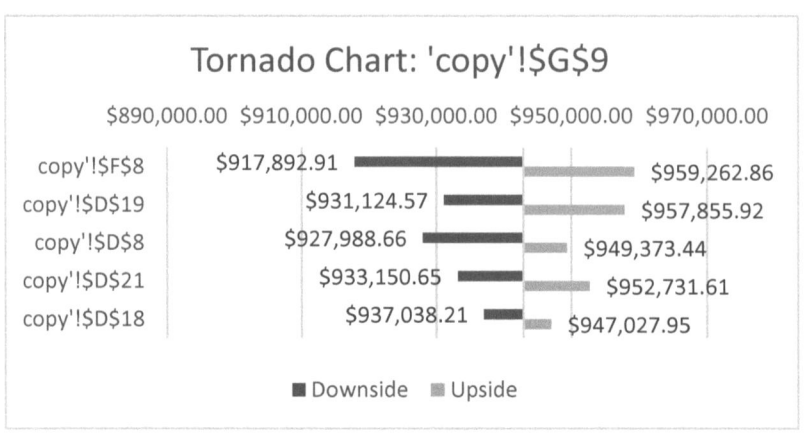

Figura 37. Tornado chart aplicado a variables

5.10. APLICACIÓN #9. CÁLCULO Y MEDICIÓN DE RIESGOS APLICADO EN UNA CADENA DE SUMINISTRO INTERNACIONAL

Este es un caso ejemplo de cómo medir el riesgo asociado a cambios de precios en una cadena global de suministro.

Imaginemos que representamos a una empresa que exporta productos electrónicos desde Tailandia hacia EU. UU o cualquier otro país que quiera usar el USD. En la siguiente tabla podemos ver el tipo de cambio actual.

Divisas	Code	Ex. Rate
Divisa del exportador	THB	33.8
Divisa del importador	USD	1

Tabla 30. Tipo de cambio USD/THB

A continuación, podemos ver en la tabla el modelo general de la cadena de suministro

TABLE 1. EXPORT CADENA SUMINISTRO	THB	USD	MEJOR	PEOR
Precio EXW	THB 2,000.00		THB 1,800.00	THB 2,350.00
Costes de exportacion 1	THB 350.00		THB 300.00	THB 400.00
Costes de exportacion 2	THB 550.00		THB 450.00	THB 700.00
Costes de exportacion 3	THB 79.00		THB 60.00	THB 90.00
Costes de exportacion 4	THB 235.00		THB 220.00	THB 300.00
Costes de exportacion 5	THB 210.00			
Transporte y Seguro de la mercancia	THB 210.00		THB 190.00	THB 250.00
Otros costes aduaneros	THB 100.00			
Suma de costes totales	THB 1,634.00			
Precio-coste antes de la salida del pais de origen	THB 3,634.00			
Margen Comercial Aplicado en %	25.00%			
Beneficio Esperado de la Exportacion	THB 908.50			
Precio ofrecido al importador	THB 4,542.50			
Aranceles e import duties	THB 1,998.70		THB 1,800.00	THB 2,500.00
Coste para el importador	THB 6,541.20			
Marghen de ventas aplicado por el importador en %	27.00%		25%	30%
Marghen de ventas aplicado por el importador en dinero	THB 1,766.12			
Precio Retailing	THB 8,307.32			
Margen de ventas aplicado por el retailer en %	31.00%		28%	35%
Margen de ventas aplicado por el retailer en %dinero	THB 2,575.27			
Precio Final para el consumidor (IVA no incluido)	THB 10,882.59	$ 321.97		

Tabla 31. Cascada de costes en toda la cadena de suministro Global. Fabrica-Consumidor

Los impuestos de importación (incluyendo IVA y aranceles) están calculados en la siguiente tabla

TABLE 2. IMPORT DUTIES	
Import Duty (Customs Tariff)	12%
Trade remedy	5%
Import surcharge	1%
Registration Fee	2%
Stamp duty	1%
Customs processing fee	3%
Other charges affecting imports	3%
Excise duty	10%
VAT	7%
Total sum of import taxes	**44%**
Import taxes	0.44

Tabla 32. Detalle de Impuestos a la importación

Nótese que la celda del 44% está vinculada en el modelo a la celda "aranceles e import duties" en la que se obtiene un valor de 1,998.70 THB. Es decir, este valor es el resultado de aplicar un 44% al precio ofertado al importador ya que los impuestos a la importación de pagan en base al valor en destino.

Ahora vamos identificar las variables sujetas a incertidumbre las cuales quedan expresadas en las próximas tablas. Nótese que a los valores en negrita se les va a aplicar una la simulación de 10.000 iteraciones usando una distribución triangular y teniendo en cuenta el valor actual (valor medio), el valor máximo y el valor mínimo. Recordamos de nuevo que el icono a usar en Argo es el primero de la izquierda (Distribution), una vez dentro hay que elegir la Distribución Triangular.

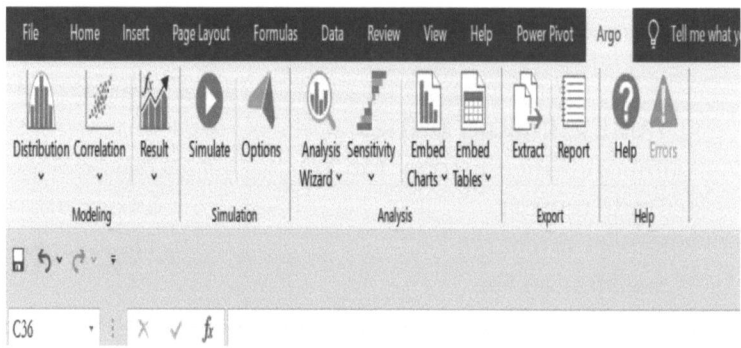

Figura 38. Detalle de Argo

DIVISA	CODIGO	VALOR	Max	Min
Divisa del exportador	THB	33.8	37	30
Divisa del importador	USD	1		

Tabla 32 bis. Cambio real USD/THB

| TABLE 1. EXPORT CADENA SUMINISTRO | THB | USD | ESCENARIOS | |
			MEJOR	PEOR
Precio EXW	THB 2,000.00		THB 1,800.00	THB 2,350.00
Costes de exportacion 1	THB 350.00		THB 300.00	THB 400.00
Costes de exportacion 2	THB 550.00		THB 450.00	THB 700.00
Costes de exportacion 3	THB 79.00		THB 60.00	THB 90.00
Costes de exportacion 4	THB 235.00		THB 220.00	THB 300.00
Costes de exportacion 5	THB 210.00			
Transporte y Seguro de la mercancia	THB 210.00		THB 190.00	THB 250.00
Otros costes aduaneros	THB 100.00			
Suma de costes totales	THB 1,634.00			
Precio-coste antes de la salida del pais de origen	THB 3,634.00			
Margen Comercial Aplicado en %	25.00%			
Beneficio Esperado de la Exportacion	THB 908.50			
Precio ofrecido al importador	THB 4,542.50			
Aranceles e import duties	THB 1,998.70		THB 1,800.00	THB 2,500.00
Coste para el importador	THB 6,541.20			
Marghen de ventas aplicado por el importador en %	27.00%		25%	30%
Marghen de ventas aplicado por el importador en dinero	THB 1,766.12			
Precio Retailing	THB 8,307.32			
Margen de ventas aplicado por el retailer en %	31.00%		28%	35%
Margen de ventas aplicado por el retailer en %dinero	THB 2,575.27			
Precio Final para el consumidor (IVA no incluido)	THB 10,882.59	$ 321.97		

Tabla 33. Detalle de variable sujetas a fluctuación y a las que se aplica distribución triangular

La explicación grafica de la anterior casada que se muestra en la Tabla 33. es la siguiente

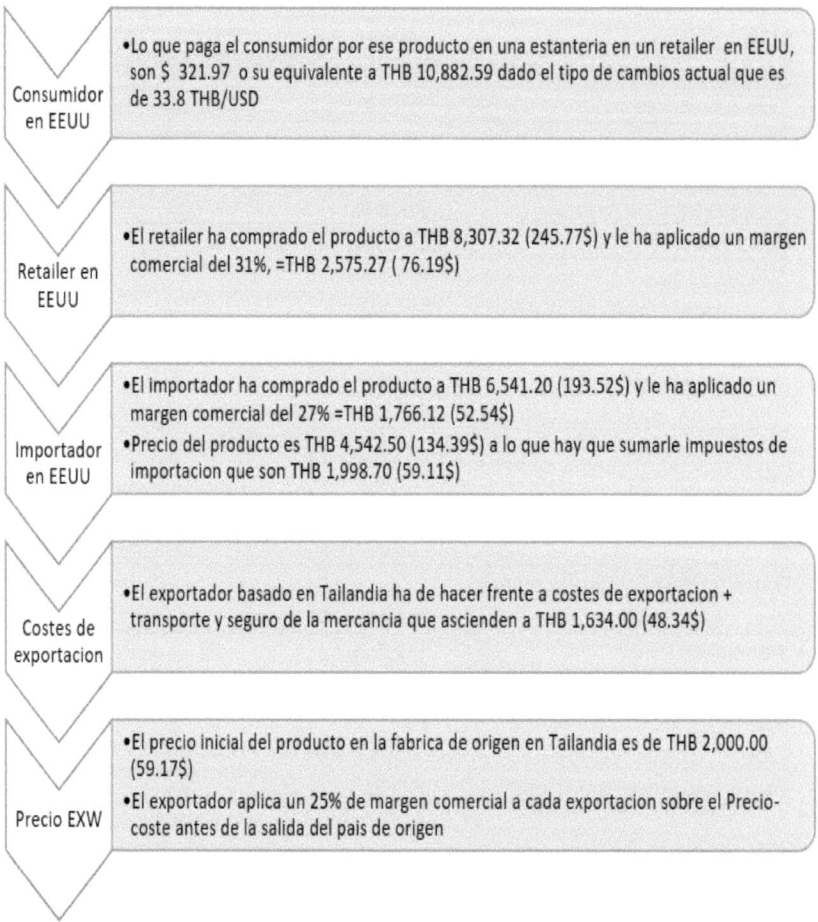

Figura 38 Bis. Explicación del modelo a modo grafico

Bien pues una vez visto esto es la hora de aplicar la simulación teniendo en cuenta la oscilaciones y fluctuaciones de las variables sujetas a distribuciones triangulares.

Como resultado vemos que se da un 90% de certidumbre de que el precio final que pagara el consumidor este Entre 282$ y 340$

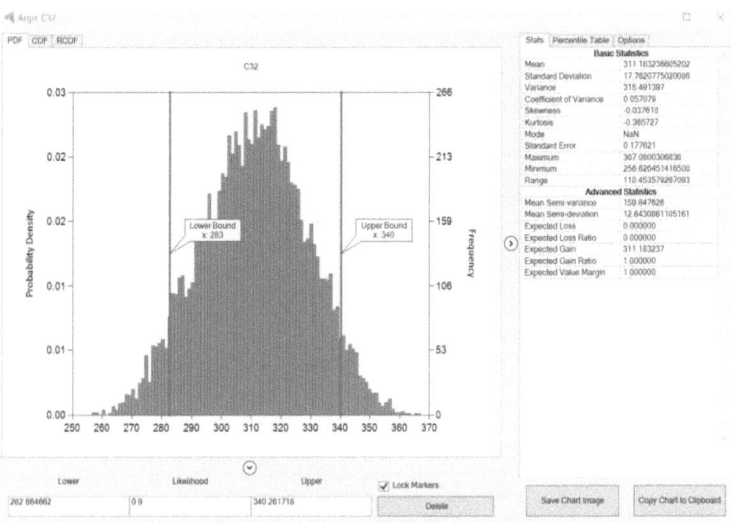

Figura 39. Rango de precios que pagara el consumidor final en un 90% de certidumbre

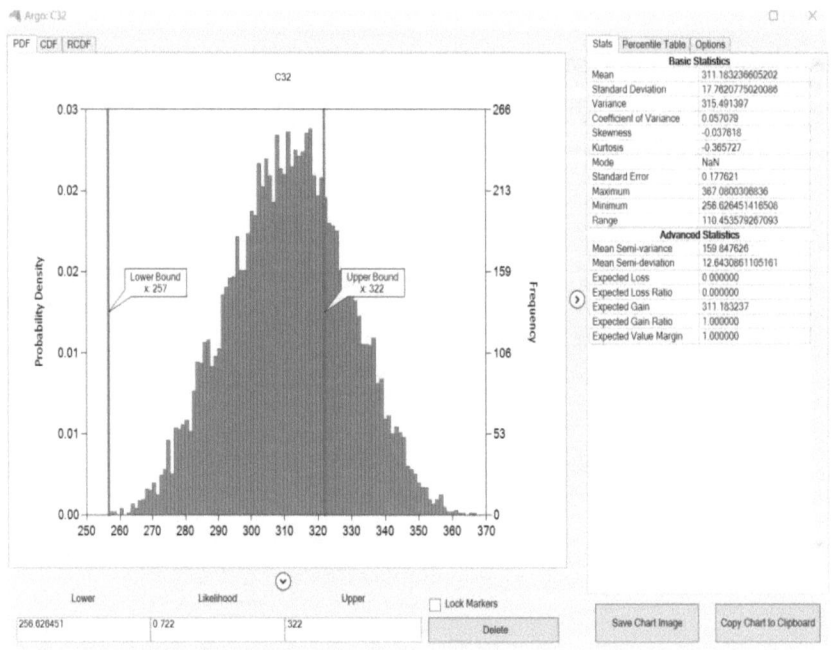

Figura 40. Certidumbre de no sobrepasar de 322$
(el precio máximo por el que pagara el consumidor final)

5.11. APLICACIÓN #10. CÁLCULO Y MEDICIÓN DE RIESGOS APLICADO A UN PLAN DE MARKETING

La empresa Toledo Electrónica S.A. fabrica y vende artículos electrónicos en todo el territorio español. La empresa tiene presupuestadas varias acciones de marketing para el próximo ano. Dada su estructura de costes y gastos en marketing la empresa espera poder obtener un beneficio neto sobre sus ventas de un 34%. Puede verse la cuenta de explotación previsional en la siguiente tabla:

Cuenta de Explotacion	Esperado
Unidades vendidas	€ 290,680.00
Precio medio	€ 27.00
Ingresos por Ventas	€ 25,579,840.00
Coste de las ventas	€ 14,068,912.00
Otros costes variables	€ 1,162,720.00
Margen Bruto	€ 11,510,928.00
Costes	
Salarios y Seguridad Social	€ 980,000.00
Alquileres y gastos regulares de instalaciones	€ 230,000.00
Depreciacion & Amortizacion	€ 78,000.00
Intereses	€ 1,500,000.00
Gastos Totales	€ 2,788,000.00
Beneficio Antes de Impuestos	€ 8,722,928.00
Impuesto de Sociedades 20%	€ 21,462.00
Beneficio Neto (Net Earnings)	€ 8,701,466.00
Porcentaje de Beneficio Neto/Ventas	34%

Tabla 34. Detalle cuenta explotación

Para llegar a poder vender esas 290 mil unidades a ese nivel de precios hemos determinado una serie de acciones en nuestro plan de marketing. Esas acciones se pueden apreciar en la siguiente tabla:

Acciones de Marketing	Coste		Impacto e Impresion	Landings (vease tabl	Conversion en unidades vendidas
Promocion Digital en Youtube	€	10,000.00	15,000,000	750,000	22,500
Promocion Digital en Linkedin	€	8,000.00	120,000,000	4,800,000	240,000
Promocion Digital en Instagram	€	12,000.00	2,300,000	46,000	1,840
Sponsoring a Influencer 1	€	6,000.00	900,000	54,000	3,240
Sponsoring a Influencer 2	€	12,000.00	4,000,000	280,000	19,600
Campana publicidad en Google	€	5,000.00	5,000,000	50,000	3,500
Campana publicidad en Diario Online	€	7,000.00	1,500,000	15,000	
Regalos con la compra. Coste de 4€/unidad	€	1,162,720.00			
Coste del regalo con la compra de cada unidad	€	4.00			
					290,680

Tabla 35. Detalle acciones de marketing

Cada acción de marketing online genera impresiones brutas (# de veces que el anuncio se imprime online) y estos anuncios buscan generar una acción en el consumidor, es decir que cliquee para ser dirigido a la landing page con una oferta atractiva, luego, ya en la landing page decidirá si compra el articulo o no.

Como se aprecia en la Tabla 35 la suma de conversiones desde las zonas landing son las ventas efectivas de productos. A continuación, podemos observar los % de efectividad esperados

Porcentajes esperados de conversion	
Youtube	3%
Linkedin	5%
Instagram	4%
Influencer 1	6%
Influencer 2	7%
Campana publicidad en Google	7%
Campana publicidad en Diario Online	5%

Tabla 36. Porcentajes de conversión

Vamos a proceder con Argo a crear distribuciones triangulares en las siguientes variables que pueden presentar volatilidad

	Esperado	Mejor	Peor
Coste de las ventas	55%	45%	65%

Tabla 37. Variabilidad posible en el Coste de las Ventas

Porcentajes esperados de conversion	Esperado	Mejor	Peor
Youtube	3%	4%	1%
Linkedin	5%	6%	1%
Instagram	4%	5%	2%
Influencer 1	6%	8%	3%
Influencer 2	7%	9%	2%
Campana publicidad en Google	7%	9%	3%
Campana publicidad en Diario Online	5%	6%	4%

Tabla 37 bis. Variabilidad en la conversión de las acciones de Marketing

Resultados obtenidos tras una nueva simulación de 10.000 iteraciones

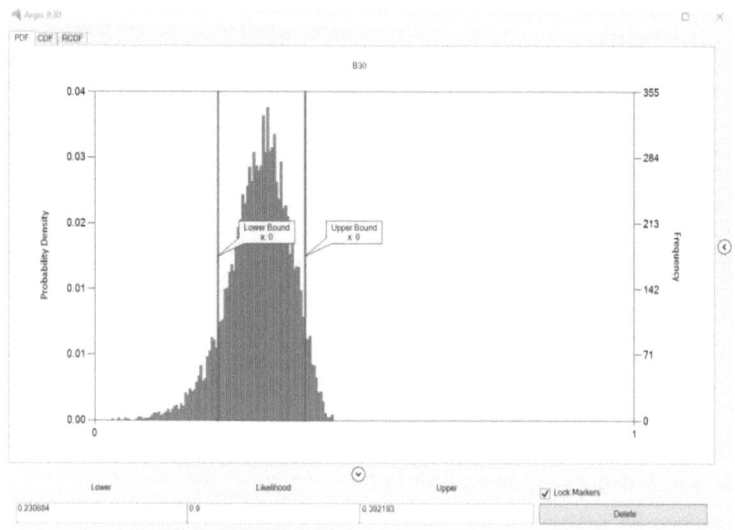

Figura 41. Resultados de certidumbre al 90%

Los resultados nos dicen que hay un 90% de certidumbre de que el beneficio neto se encuentre entre un 23% y un 39% de las ventas. Esto se debe a las volatilidades existentes en los resultados de conversión de las acciones de marketing.

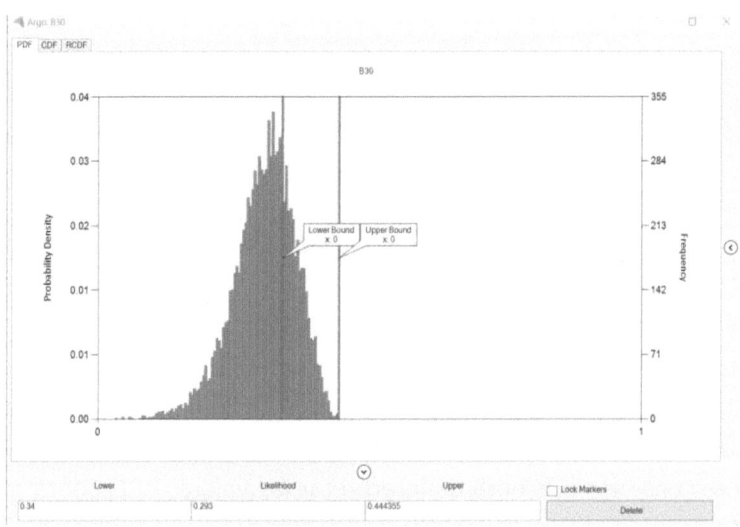

Figura 42. Certidumbre de obtener el porcentaje de rentabilidad deseada

Como vemos solo hay un 29.3% de certidumbre de que el resultado a obtener sea 34% o más de rentabilidad neta sobre las ventas.

También hemos desarrollado con Argo un estudio de correlación de cuáles son las variables (acciones de marketing) que influyen más en la variabilidad d ellos resultados.   Los resultados se muestran a continuación:

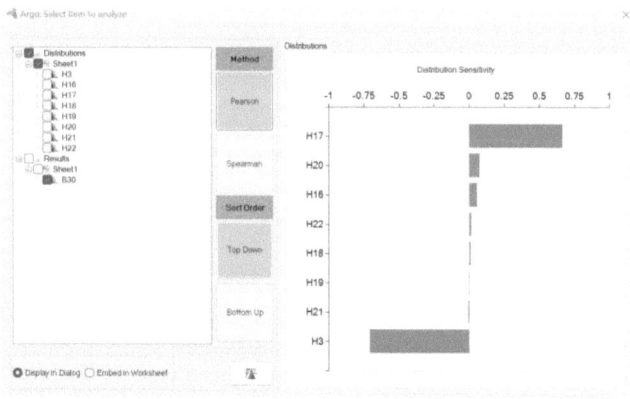

Figura 43. Resultados de correlación

Como se ve y aplicando en coeficiente de correlación de Pearson hay dos variables que figuran como claves en esa posible desviación de resultados. Son la H3 y la H17, ambas hacen referencia a la posible variación de los costes de las ventas de 65 a 45% y las acciones en la plataforma LinkedIn.

Existe bastante consenso a la hora de interpretar los valores del coeficiente de correlación de Pearson utilizando los siguientes criterios (y considerando los valores absolutos):

- ➢ Entre 0 y 0,10: correlación inexistente
- ➢ Entre 0,10 y 0,29: correlación débil
- ➢ Entre 0,30 y 0,50: correlación moderada
- ➢ Entre 0,50 y 1,00: correlación fuerte

Como se aprecia en ambos casos la correlación es fuerte, se muestra en negativo en la variable H3 o sea "coste de las ventas" porque cuanto más decremente el coste mayor será el impacto en el resultado final.

Epilogo

Como se ha podido apreciar este el un libro destinado al trabajo. He intentado guiar al lector para que aprenda la filosofía del cálculo, control y evaluación de posibles riesgos en la empresa y sus impactos en los resultados finales.

Se han aportado multitud de gráficos extraídos de las simulaciones, así como tablas extraídas de Excel con el objetivo de que el lector aprenda a trabajar con este tipo de herramientas y consecuentemente sepa analizar los riesgos y crear sus propios modelos.

A partir de ahora recomiendo al lector descargar el software gratuito Argo desde la página web https://boozallen.github.io/argo/ instalarlo como add-in en Excel y empezar a trabajar con cuentas de explotación básicas para más adelante crear modelos de mayor complejidad.

Es importante ser creativo en la creación de modelos de riesgo, saber identificar las variables principales que pueden poner en peligro nuestros planes y actuar en consecuencia limitando su impacto. Todo un reto para el CEO actual.

Referencias

- ✓ "Enterprise Risk Management: From Incentives to Controls". Autor: James Lam
  Editorial: Wiley. Año: 2014
- ✓ "The Essentials of Risk Management". Autores: Michel Crouhy, Dan Galai, Robert Mark
  Editorial: McGraw-Hill Education. Año: 2013.
- ✓ "ERM - Enterprise Risk Management: Issues and Cases" Autores: Michael K. Ong (editor). Editorial: Risk Books. Año: 2011"Enterprise Risk Management: Theory and Practice". Autores: Robert S. Kaplan, Anette Mikes. Publicación: *Journal of Applied Corporate Finance.* Año: 2008
- ✓ "The Risk Management Process: Business Strategy and Tactics". Autor: Christopher L. Culp. Editorial: Wiley. Año: 2001
- ✓ "RIMS Risk Maturity Model (RMM)" Organización: Risk and Insurance Management Society (RIMS). Año: 2006 (actualizado periódicamente)